智慧的苏醒

科学看佛教

常通 著

中国商务出版社
CHINA COMMERCE AND TRADE PRESS

图书在版编目（CIP）数据

智慧的苏醒／常通著. －－北京：中国商务出版社，
2015.5（2015.8 重印）
ISBN 978 - 7 - 5103 - 1316 - 5

Ⅰ.①智… Ⅱ.①常… Ⅲ.①人生哲学－通俗读物
Ⅳ.①B821 - 49

中国版本图书馆 CIP 数据核字（2015）第 121469 号

智慧的苏醒
——科学看佛教
ZHIHUI DE SUXING
——KEXUE KAN FOJIAO

常 通 著

出　版：中国商务出版社
发　行：北京中商图出版物发行有限责任公司
社　址：北京市东城区安定门外大街东后巷 28 号
邮　编：100710
电　话：010 - 64515210　64255862　（编辑三室）
　　　　010 - 64266119　（发行部）
　　　　010 - 64263201　（零售、邮购）
网　址：http://www.cctpress.com
微　博：http://weibo.com/u/5299664645
网　店：http://cctpress.taobao.com
邮　箱：cctpress@163.com
照　排：北京燕园商学教育咨询有限公司
印　刷：北京京都六环印刷厂
开　本：880 毫米 × 1230 毫米　1/32
印　张：8.875　　**字　数**：178 千字
版　次：2015 年 7 月第 1 版　　2015 年 8 月第 2 次印刷
书　号：ISBN 978 - 7 - 5103 - 1316 - 5
定　价：29.80 元

序

　　在科学发展到今天这个程度的社会，人们完全接受了科学道理。大家的一切行为必须符合科学的解释，否则容易被社会遗弃。可以这样说，现在是科学控的时代，一切科学解释不了的事情，很难得到社会的认可，即使眼前的科学技术还不能对所有现象做出解释。

　　遇到一些不能解释的事情，我们多半会采取回避的态度，所谓求同存异。把用眼前科学无法解释的现象先放一放，回避一下，然后想方设法去找科学依据，来证明这一现象的科学性，以求得在科学控时代的大众认可。

　　佛教在中国传播了两千多年，成为中国传统文化的一部分。它包含了很多古老的科学观，解释了很多在"科学"一词还没有出现时的现象。这些现象，有的已经被现代科学认可，更多的现象现代科学一时还无法解释。

　　比如说："佛观一钵水，八万四千虫。"

　　这句话在两千多年前显微镜尚未诞生的时代，佛陀就亲口讲出，而近代科学一直到三四百年前发明了显微镜之后才得以证实。再比如："汝观地性，粗为大地，细为微尘。至邻虚尘，析彼极微色边际相，七分所成。更析邻虚，即实空性。"一直到近代科学发明了电子显微镜之后，我们才最终了解这句话的含义在物理学上是物质可以无限细分的意思，一直可以分解到"微尘"、"邻虚尘"，再分解下去，就是虚空。就是现代物理学说的"分子"、"原子"……"轻子"、"光子"、"夸克"……直至无限。

类似的问题很多很多。佛教在远古时期描述的现象，有的被现代科学发明的新仪器证实，更多的因为现代科学的局限还不能完全破解。在科学控的今天，这些没有得到证实的现象，被怀疑或者束之高阁，佛教也时或被人误以为是"迷信"。

事实上，不管我们能否解释清楚，这些现象都是必然存在的。比如我们的生死问题，佛教早就做了详细的解释。但是，因为目前的科学技术还不够成熟，或者说目前的科学仪器还不够发达，使得这些解释成为不可谈及的"迷信"。

更有甚者，有些别有用心的人利用这种空档，故弄玄虚，进行一些坑蒙拐骗的违法行径，让佛教的"迷信"称号更加沉重。所以，一旦触及我们现实存在的生死问题，人们往往回避逃开，或者固执地沿用古人的说法，让现代人不知所云，如听天书。

为了让现代人能够面对现实，认清我们所面对的生死问题，理解古人对生死过程的解释，用科学控中长大的一辈人可以理解的方式，把佛教中的生死过程描述出来，同时，让佛教中难以理解的轮回、空和世界观等理论，用现代人容易接受的方式表达出来，我自己提出了"觉的能力"的概念。

"觉的能力"这一概念本来是多余的。自古以来表达我们的佛性、法身、智慧、光明藏等等已经有很多说法。不过在现代科学控的时代，依附科学的解释方式来诠释我们的佛性、法身、智慧、光明藏等名词，有着很大的便利。

"觉的能力"比较容易让在现代科学控中长大的人接受，他们用"觉的能力"去套佛教中的佛性、法身、智慧、光明藏等，会容易理解佛教中一些难以解释的名词，对自己生活中的三世因果、六道轮回的难题，也很容易得到开释。

下面就请从"'觉的能力'看世界"开始，让我用"觉的能力"这一名词，把我们是如何被迷惑、如何堕入生死、如何轮回的过程描述出来。最后，还用"觉的能力"一词，教导大家如何脱离苦难的轮回，如何把我们的"觉的能力"觉悟起来，使我们的智慧苏醒过来。

常　通
2015 年春

目 录 | CONTENTS

第二章　科学地看待佛教

第六章　科学地应用佛教

第一章

觉的能力

"觉的能力"看世界

　　每一个生命对外界都能感知或者叫"觉"，这是一切生命共有的特征，这里我们称之为每一个生命都具有"觉的能力"。但是每一个生命对外界感知或者说"觉的结果"，是随着他们使用的工具不同而相异的，这就是说，我们的"觉"因为对外感知工具的缺陷而被迷惑。

　　人类对外的感知或"觉"，是通过我们的感官——眼、耳、鼻、舌、身的视觉、听觉、嗅觉、味觉、触觉来实现的。因为每一个人的这些感官不同，我们对外界的认识也会有所不同。当然还有很多人具有超出这些感觉器官对外感知的能力，比如我们平时常常说的"直觉"。

　　其他生命形式因为与人类感知工具不同，对外界的感知，会有很大的差别。但是每一种生命必然会有自己对外感知的工具，以满足其最最基本的生存需要，否则他们将无法在这个世界上存在下去。所以，对于一切的生命形式来说，他们只是被迷惑的程度有所不同而已。

很明显，所谓高级的生命，就是对外感知被迷惑得少一些，或者说是容易，也可以说是知道通过修行使得他们的觉的能力被迷惑得更少一些。所谓的低级生命，就是对外感知被迷惑得严重一些，甚至不知道可以通过修行恢复自己被迷惑的这些能力。从表面现象来说，就是他们对外感知的器官完整性不同。

　　所谓的圣人就是知道这些道理，并且积极改善自己这些工具的人，甚至是努力提高或拥有更完美的对外感知工具的人。而我们凡夫则可以定义为不知道这个道理、不知道去改善对外感知的工具、不知道去拥有这些更完美工具的人。

　　近代的科学工作者对这个道理已经有所明白，他们开始改善我们人类对外感知的工具，设计出了延伸我们人类的视觉、听觉、嗅觉、味觉、触觉的各种形式的工具，比如望远镜、显微镜、声呐、超声波探测、无线电通信等。但是对于佛教来说，这些也仅仅是延伸了我们"天眼"的一小部分而已。

　　而低等的生命就可怜了，它们可以说是被迷惑得比较深，还不知道可以通过自己的努力去提高自己对外界的感知能力。这也是人与动物的科学定义，因为人与动物的最大区别就在于，人类知道设计并使用工具，而动物是不会的。这就很容易了解，同一种生命形式，对同一外界会产生不同认识的原因，或者说，我们"觉"的结果因为觉的工具差别而不同程度地受到迷惑。

　　我们可以用"余晖"来比喻我们的"觉的工具"与真实的落差。余晖，这个名词是显示器专业的专有名词。20

世纪 80 年代的电视机余晖很大，严重的就拖一个长长的尾巴。这主要是电子束打在不好的荧光粉上，荧光粉发光时间过长导致的。

比如，就拿计算机屏幕来说，我们眼睛所见到的世界，看到的内容是每秒 30 帧的图片刷新而成的，是电子束不断扫描的结果。如果眼睛分辨率过高，我们看这个画面就是抖动或不连续的，甚至是一些断断续续的点。我们的眼睛实际上就像荧光屏一样，受到余晖的影响，使得我们对真实的世界失去了观察力，而把真实的世界看成了另外一种情景。

而从微观世界中的粒子来说，我们看到的世界实际上是由很小很小的微观粒子组成的。甚至可以说，我们看到的世界只是不稳定的粒子高速运动而构成的幻象。如果我们的眼睛可以不受余晖的影响，就会发现这个世界只是一些以每秒 10 的 9 次方的速度"抖动"着的不稳定粒子。

可惜的是，我们的眼睛只能分别每秒 10 次左右的"抖动"。我们看的电影以每秒 24 次的"抖动"就把我们骗得死死的了，因此而以为这些电影是真实地在运动中。可见我们在每秒 10 的 9 次方这样高速"抖动"面前是怎样的脆弱和无力。

佛教把我们所见所闻等归纳为妄想，就是因为我们在这些"抖动"面前不能真实了解其实相。佛陀在《楞严经》里把我们对世界万物描述为"譬如有人，以清净目，观晴明空。唯一晴虚，回无所有。其人无故，不动目睛，瞪以发劳。则于虚空，别见狂华"。就是说有一个人，当他的眼睛没有毛病的时候，观察晴朗的天空，只是干干净净的天空（比喻如来藏性清净无染）。但是他瞪着眼睛看晴空久了，眼睛疲劳，就会在一无所有的晴空中看见"狂华"（比喻清净的心无缘无故生出好多念头，就是妄想。这些妄想把原本的清净给遮蔽了，就以为这些虚幻的"狂华"是真实的。）

觉知错误成妄想

　　前面我们讲了"'觉的能力'看世界"，知道了我们所了解的世界是被迷惑的。因为我们所拥有的对外感知的工具实在伪劣，所以不能真实地了解或者见识到我们所处世界的真实情况。在佛教里面有个词叫"妄想"，我们对外界的不正确认识形成我们的"妄想"。

　　这些妄想就是因为我们的眼、耳、鼻、舌、身、意六根对这些"抖动"不能真实观察而形成。如果能够真实观察的话，我们就会发现，这个世界是不稳定的"粒子"在高速"抖动"着，且是时有时无；而无论是多么微小的"粒子"，只要是可测的，在理论上就都具有可继续分割的属性，而无法找到最小的粒子。这就便于理解佛教所谓的"虚妄"。这些在《楞严经》里有详细的描述。

　　所以，我们对我们所处世界的观察是虚妄的。做一个很形象的比喻，就是我们所看到的世界，是因为这些不稳定的粒子在我们的眼里产生了"余晖"。在我们的耳里面、在我们的鼻里面、在我们的舌里面、在我们的身里面、在我们的意里面产生了广义上的"余晖"。

既然我们这个世界是由这些不稳定高速"抖动"的粒子的"余晖"组成，因粒子排列的顺序和状态不同，在我们的眼睛里面就形成了千差万别的物质世界。由于这些粒子排列疏密的不同，就有了我们看到的"风大"，次而"火大"，次而"水大"，次而"地大"。

粒子排列的紧密程度，实际上就是"抖动"频率的程度。"抖动"频率越高，排列得就越紧密。因为"抖动"频率越高，产生的"余晖"就越大。对应于我们的妄想来说，就是排列得越紧密或者说"抖动"频率越高，我们的妄想坚固程度越大。

排列的紧密程度高到比光的波长还短的时候，光线透射不过去时，我们一般定义为"地大"，或者叫固体。排列的紧密程度比光的波长还长的时候，光线透射过去了，我们一般定义为"风大"或者"火大"，或者叫作气体、温度。这之间的排列，我们一般定义为"水大"，或者叫液体。

比如，我们看到的桌子属于固体——"地大"，这是因为组成桌子的粒子排列得很紧密，连光线也透不过去。又如我们眼前的空气，因为组成空气的各种粒子排列得疏松（粒子间的距离比光线的波长大多了），所以我们就称为气体——"风大"。

再比如，我们看到的水（有过海底潜水经验的人应该会有更加深刻的体会，那就是越往深处去会越暗，因为越往深处去光线透射的机会就越少），当水浅的时候光会很容易透过去，而多的时候就不容易透射，而是被折射回来的多。这就是我们现实生活中看到的物质三状态的情况。

我们知道，物质的三状态还会随着环境的不同而变化。同样一种物质，会因为温度、压力等的不同处于固体（地大）、液体（水大）、气体（风大和火大）的状态，也就是说，其粒子排列的紧密状态会产生差别，从而处于三种（科学定义）或者是四种（佛教定义）状态中的一种。

佛教定义的世界物质存在的四种状态，与我们现代科学定义的物质存在的三状态是一样的。只是现代科学分得粗点，用气体状态包含了能量状态。而佛教则定义得细些，把科学中定义的气体状态分成为"风大"的气体状态和"火大"的能量状态而已。

这样来看，我们的"妄想"，或者说是对我们所处世界不能真实了解，是由于我们对外界感知的工具有缺陷而造成的。我们称为"觉的能力"因对外感知的工具有缺陷而被迷惑。这也就是佛陀叹说"无一众生而不具有如来智慧，但以妄想、颠倒、执着而不证得"（《华严经》卷五十一　如来出现品第三十七之二）的原因。

因为妄想有生死

前面我们讲了"觉知错误成妄想",知道了我们"觉的工具"有缺陷,使得我们对外界世界的感知产生了错误,这个错误就是我们常常说的妄想。因为有了妄想,再加上我们对妄想的执着,使得我们烦恼不断,甚至堕落到了生死之中。

最大的妄想就是我们身体中的"地大",然后"水大"、"火大"、"风大"……一直到我们思考中的虚无缥缈的妄想。我们的身体四大是最坚固的妄想,然后是思维中虚无缥缈的妄想,乃至于梦中的幻想。所以,我们总是说"人生如梦",其实梦也是与我们的身体一样的妄想,只是"余晖"短点罢了。

一切不过是我们的"觉的能力"被迷惑了。所以,若是能够明白、能够接受的话,我们就知道,现前七尺之躯,不过地水火风。这样就能觉悟自己,还原我们本来的清净之觉,我们自然就会彻底清净,"不挂一丝"。这就是雍正皇帝在他的《御选语录序》中记载的开悟状态:

夫学人初登解脱之门,乍释业系之苦,觉山河大地,十方虚空并皆消殒,不为从上古锥舌头之所瞒,识得现在七尺之躯，不过地水火风，自然彻底清净，不挂一丝，是则名为初步破参。

前后际断者，破本参后，乃知山者山，河者河，大地者大地，十方虚空者十方虚空。地水火风者地水火风，乃至无明者无明，烦恼者烦恼，色声香味触法者色声香味触法，尽是本分，皆是菩提，无一物非我身，无一物是我己。境智融通，色空无碍，获大自在，常住不动，是则名为透重关，名为大死大活者。

透重关后，家舍即在途中，途中不离家舍，明头也合，暗头也合，寂即是照，照即是寂，行斯住斯，体斯用斯，空斯有斯，古斯今斯，无生故长生，无灭故不灭。如斯惺惺行履，无明执著自然消落，方能踏末后一关。

虽云透三关，而实无透者，不过如来如是，我亦如是。从兹方修无修，证无证，妙觉普明，圆照法界，一为无量，无量为一，大中现小，小中现大，坐微尘里转大法轮，于一毫端现宝王刹，救拔众生，利用无尽。佛佛祖祖皆为此一大事因缘出现于世，达摩西来，历代授受，古德传灯，无尽光中，大圆镜里，日往月来，以至于今。

如果我们能够明白、接受这样的道理，就很容易知道我们从来没有生过，将来也不会死亡。我们这一期的生死不过是身体这个工具的成、住、坏、灭的过程。所谓的生死过程不过是我们对外感知的工具换了一套而已。而我们不生不灭的灵明觉性（或者叫"觉的能力"）本身是从来不会生死的。

现在感觉处于生死之中，是因为我们的灵明觉性被迷惑了而已。只要保持自己"觉的能力"处于清醒的状态，我们就不会被妄想所左右，我们就能明明白白地知道我们所处的状态，就能了解我们所处的世界。

所以佛教里面常说："妄念成生灭，真如不变迁。"这里所说的真如，实际上就是前面说的灵明觉性、"觉的能力"。妄想就是我们被迷惑的"真如"或者说是被迷惑的"觉的能力"。而被迷惑的"觉的能力"是可以被还原的，因为"觉的能力"是不生不灭、不垢不净、不增不减的。

妄想就是这样的生灭过程，所以妄想可以商量、可以解释、可以修正、可以改变，可以……只有真如才不会变迁。具体真如是什么，有很多很多的说法，但是都不能把真如本性说明白，只有靠自己去体证。因为真如是不会变迁的，所谓"妙高顶上绝商量"，是不可以解释、不可以修正、不可以改变、不可以……为了便于让大家有个印象，我自己就使用了这个描绘真如的名词——"觉的能力"。

所以，不要怕妄想，更不要去消灭或者压抑妄想，只要知道如何去如法地处理或者说掌控这个妄想。能够被处理或掌握的妄想，实际上就是我们的智慧，这样的智慧就能让我们的生活美好起来。只有不能被控制、不能被处理的妄想才是烦恼。这也就是永嘉大师所说的"无明实性即佛性，幻化空身即法身"的道理。

"觉的能力"不变迁

前面我们讲了"因为妄想有生死",知道了"觉的能力"一词的来源,大致了解了"觉的能力"是个什么东西。其实我们在学习佛法的时候,如果遇到真如啊、佛性啊、灵明觉性啊、智慧啊、空性啊、如来藏啊、涅槃妙心啊、无为本觉啊、轮回的实体什么的,完全可以用"觉的能力"去套,这样理解起佛法就容易了。

"觉的能力"这个名词,是自己通过对《楞严经》的学习而总结出来用于形容我们不变的那个东西的,在佛教的前辈们描述为大光明藏、真如、智慧、法身等。

我们"觉的能力"从来没有变化过,只是我们所使用的身体这一工具有缺陷,使得我们"觉的能力"有所迷惑。所以,即便是在医院动手术时被打了麻药,我们"觉的能力"也没有失去过,只是被物理药物迷惑了而已。甚至是在我们死亡之后,"觉的能力"也不会失去,只是这个时候要换一套工具去感觉外界而已。这个"觉的能力"在我们小的时候和老的时候,甚至是死亡之后,都是完全一样的。《楞严经》中记载有佛陀与波斯匿王的一段对话:

> 佛告大王。汝见变化,迁改不停,悟知汝灭。亦于灭

时，汝知身中有不灭耶。波斯匿王。合掌白佛。我实不知。佛言，我今示汝不生灭性。大王，汝年几时，见恒河水。王言：我生三岁，慈母携我，谒耆婆天，经过此流，尔时即知是恒河水。佛言大王。如汝所说，二十之时，衰于十岁，乃至六十，日月岁时，念念迁变。则汝三岁见此河时，至年十三，其水。云何。王言：如三岁时，宛然无异。乃至于今，年六十二，亦无有异，佛言：汝今自伤发白面皱。其面必定皱于童年。则汝今时，观此恒河，与昔童时，观河之见，有童耄不。王言：不也，世尊。佛言大王。汝面虽皱，而此见精，性未曾皱。皱者为变。不皱非变。变者受灭。彼不变者，元无生灭。云何于中受汝生死。而犹引彼末伽黎等，都言此身死后全灭。王闻是言。信知身后舍生趣生。与诸大众，踊跃欢喜，得未曾有。

这里的"见精"也被自己说成"觉的能力"，古代的人也以"这个"、"自性"、"心"等名词来解释。但是，就像"觉的能力"这个词一样，不管用什么词，都难以把它说得明白透彻，有定义都是错的。自己明明知道这个错误，但是无能为力，只好用"觉的能力"来指给大家看。具体是什么样的，还要大家自己去体会。佛教所谓标月指，它只能指给你看，却无法说明，就是说的这个。这有点像数学中的极限值，我们只能用一个极限值符号来表示，在坐标上是无法点出来的，因为有一个点就不是极限了。自己用"觉的能力"这四个字，是自认为比较容易被现代的人所理解，如果得不到认可，只好沉默或者将来换一种说法。

从前面所引《楞严经》（还有其他很多经典）的文字可以看出，"觉的能力"是"不生不灭、不垢不净、不增不减"的，不会因为我们还没有出生而缺失、不会因为我们死亡而丢掉、不会因为我们被麻醉而消失、不会因为我们的专注而更清晰、不会因为是圣人而增加、不会因为我们是凡夫而减少……但是，"觉的能力"对外界产生的感觉结果，会因为我们的被迷惑而导致对外界产生错误的判断。最明显的就是因贪、嗔、痴的存在而引发苦、乐的时候。比如手术时被麻醉，并没有不疼，而是疼感被迷惑了；在娘胎里面受苦和死亡后的受苦就更不用说了。再比如我们常说的"得意忘形"时也是一样。所以，我们凡夫就像被麻醉的病人一样，常常处于迷惑状态——我们因为贪、嗔、痴产生苦、乐的时候，就是处于迷惑的状态。佛和圣人们则是常常处于觉悟的状态，所以我们才有的修行，才能修行成佛。这也是佛说"无一众生而不具有如来智慧……"的原因。这里一定要注意"觉的能力"与"觉的结果"之别，前者是不生不灭……本自具足，后者则是因众生迷惑与觉悟状态的不同而千差万别。

　　从其他的经典（如《佛说入胎经》）来看，从来这个世界受生，到这一期生命结束，再到下一期生命开始，我们"觉的能力"从来没有变过。而"觉的能力"虽然是不生不灭、不垢不净、不增不减，但有觉悟与迷惑之别，比如同样一杯水，有的人感觉它是冷的，有的人感觉它是热的，这就存在迷惑；同样一杯水，渴的人喝了如饮甘露（天堂），已经喝了很多水的人再让他喝简直会要命（地狱），这中间就存在迷惑。再比如砒霜，对需要的人是良药，对一般的人就成了毒药，这中间也存在迷惑……如此等等很多例子。

因为我们"觉的能力"存在迷惑，所以我们就会感受天堂与地狱等的差别。因为我们"觉的能力"存在迷惑，这个迷惑往往会延续下去，所以对于同样事物的认识就会"轮回"在被迷惑的"觉"中，从而产生各种好坏、净垢等差别观念，感受到爱憎、苦乐等等差别，这也就是因果轮回的实现。只有通过不断放弃后天形成的执着和观念，把我们本有的"觉的能力"觉悟了，才能觉察到事物的真实状态——空性，从而脱出轮回。这样就会知道"无始以来毕竟未曾生，将来也不会有人死"等等道理。佛陀就是时时刻刻觉悟的人，所谓大觉；而我们却是绝大部分时候处于迷惑之中的人，所谓大迷。所以，用我师父净慧老和尚的话说，我们要修行"觉悟人生"，然后"奉献人生"去帮助别人觉悟。

"觉的能力"与"觉的工具"

前面我们讲了"'觉的能力'不变迁"，知道了我们都有一种不生不灭、不垢不净、不增不减的"觉的能力"——这个东西的迷惑也是我们轮回不断的主体；我们的"觉的能力"会因为自身所使用的工具不完善而被迷惑。

"觉的能力"是通过我们身体这个工具显现的。比如，人类的"觉的能力"是通过大脑和神经系统以及眼、耳、鼻、舌、身、意六根来显现的。如果我们没有眼睛，那么"觉的能力"中的"视觉能力"就不能通过大脑和神经系统体现出来。其他的五根也是一样，是我们人类"觉的能力"所使用的工具。但是，我们如果没有眼睛，或者不借助眼睛，我们的"视觉能力"（或者说能观察的能力）是不是就没有了？显然不是。这种能力依然存在。我们通过其他的"工具"依然能够体现我们的"视觉能力"。这是"觉的能力"不生不灭的特性。打个比方，我们的眼睛看不见微生物，而通过显微镜就能看见微生物。显微镜成了我们"觉的能力"在微生物世界中的观察能力的显现工具。

如果我们的"觉的能力"会因为被迷惑而变坏的话，即使有显微镜也无法看到微生物世界。"觉的能力"本身是不会变化的，只是其使用的工具会有所变化而已。我们的"觉的能力"因为我们身体这个工具的缺陷，而被迷惑了。

从这个例子来看，这个显微镜如果成为我们身体的一部分，或者说我们通过修行具有了这个显微镜的能力（天眼通），我们就能在微生物世界里面自由自在地观察一切。而我们现在没有这个能力，就是我们的"觉的能力"由于身体工具的缺陷而被迷惑。

我们的"觉的能力"要靠人类身体这个工具来显现。身体情况越好，或者说"觉的能力"被迷惑得越少，我们就能对所处的世界具有越清晰的认识；就能了解我们所处世界更多的真实信息；反之，我们就会更加迷惑，从而会有更多的烦恼。

从这个例子我们同样也可以看出，我们现在具有的眼睛，完全可以说成是我们的"觉的能力"的体现工具。正是因为我们具有的工具不同，而使得我们"觉的能力"对外界的观察产生不同的结果。

由于我们的迷惑程度各个不同，所得到的工具的性能就完全不同，修行则是改善这些工具性能的途径。比如科学技术的进步（完全可以看成是一种修行——对行为的修正），使得我们有了望远镜、显微镜等等工具。这些工具使得我们能够看到更远的地方，更小的微观世界……

这样的例子可以举出成千上万个！进一步来说，所有有关"觉的能力"的问题全是如此。所以，我们的"觉的能力"是不生不灭、不垢不净、不增不减……的。我们的色身就是我们这个"觉的能力"的体现工具，我们通过色身，把自己的"觉的能力"显示出来了。

这个体现"觉的能力"的工具好坏是我们的福报所感，所谓报身。从这点来看，我们就很容易了解我们这个"色壳子"不是真正属于自己，它只是体现我们"觉的能力"的工具。我们福报越大，所感的"觉的工具"就会越好；同样，我们的福报越差，所感的这个"觉的工具"就会越差。

佛教中讲六道轮回——天、人、阿修罗、畜生（动物）、饿鬼、地狱。"觉的能力"在人道是这样，在其他道也是这样。拿畜生道的蝙蝠来说，它的"觉的能力"依靠超声波定位系统来认识这个世界，当然它还有别的感知世界的工具。一切的生命形式，都有实现自己"觉的能力"的工具。

"觉的能力"与"觉的结果"

前面我们讲了"'觉的能力'与'觉的工具'"，知道了"觉的能力"是通过我们身体的六根——眼、耳、鼻、舌、身、意这六个工具实现对外界的认知。一切的生命形式，也都是靠它们自身的这些工具来实现对外界的认知。

很多人在理解"觉的能力"的时候，只重视结果不重视过程，往往把"觉的能力"与"觉的能力感受到的结果"混为一谈，从而对"觉的能力"的表述产生疑惑。他们只从字面上来理解"觉的能力"一词，不知道"觉的能力"是通过身体这一工具产生对外界的认知。

比如，有人说自己的"觉的能力"老了就变弱了。这话表面上好像正确，我们老了感觉的能力差了。实际上我们要看看是什么差了，是我们的器官老化，使得我们的这些器官不灵敏了，而我们能感觉的能力并没有变化。如果给我们一个新的器官，我们又能恢复以前的感觉能力。

比如近视眼的人视力下降了，但能看东西的能力并没有下降。只要给他配一副眼镜，就能改善视力。即使眼睛瞎了，他的能看见东西的能力还是存在。如果给他一双好的眼睛，他又能恢复视力。

说远一点，比如蝙蝠，没有眼睛，它看见东西的能力还是存在——它用超声波来定位外界的情况。与我们人类一样，它也能利用自己"看的能力"，借助其他"看"的方式，来满足自己生存的需要。所以，一切生命形式的"觉的能力"是不会变化的，只是各自所使用的工具不同，而以千奇百怪的方式生存在这个世界中。

再比如我们的眼睛在水中就看不见了，或者所见很有限，那么我们的"觉的能力"是否就失去或者衰退了呢？没有啊！潜水艇的眼睛是"声呐"或者叫雷达系统，我们通过这些系统来解决无法在水中看见东西的问题。不变的"觉的能力"使得我们能够通过仪器来了解水中的情况，如同装上一双眼睛。换句话来说，我们人类的眼睛，实际上就是一部仪器，这部仪器应用我们"觉的能力"的不变性，来实现（或者满足）我们对周围环境的认识需要。

而我们所得到的眼睛这部仪器，是因我们福报的不同而异的。不管眼睛如何不同，我们"能看见的能力"从来没有变化过。现代的科学家，不乏其人在研究蝙蝠的视觉系统，试图让盲人以一种新的视觉方式恢复正常的生活，这就是以我们"觉的能力"恒在为前提的。如果我们能看见东西的能力没有了，眼镜等恢复视力的东西也派不上用场。

我们的"觉的能力"是不生不灭……这样的例子举不完。正是这样，如果给其他的生命以人类的感觉器官，其他的生命，也将会具有人类一样的感觉能力所得到的结果。

所以，这个能感觉的能力是一切众生都具足的，只是因各自的福报不同，而得到不同的感觉器官，借以最大限度地满足自己的生命需要。而且即使是同一类型的生命形式，也会因自身感知工具的微小差别，而对外界产生不同的感知结果。比如我们人类中就有很多是"色盲"，他们眼睛的结构有些不同，而造成对外界的认识上与别人不一样。

"觉的能力" 被迷惑

前面我们讲了"'觉的能力'与'觉的结果'"，知道了每一个生命对外界的感知是通过各自的感知工具实现的。因为感知工具的缺陷情况不同，每个生命对外界的感知结果是不同的。但是，每个生命对外界的感知能力也就是"觉的能力"是不会变的。这样，我们也就知道了每一个人都有不生不灭、不垢不净、不增不减的"觉的能力"。

一切生命形式的"觉的能力"是平等的，各自具足的。既然如此，为什么会有菩萨、佛等圣人与三途八难中的凡夫、饿鬼等等众生之别呢？答案很简单，佛菩萨的"觉的能力"是觉悟的，而我们凡夫等众生的"觉的能力"是被迷惑了的。而被迷惑的原因就是我们存在贪、嗔、痴。最典型的例子莫过于我们现在的状况：我们没有佛菩萨们的三明六通，为什么没有？就是我们的贪、嗔、痴把它们掩

智
慧
的
醒 苏

20

盖了，从而不能显现出来。

这就好比我们只要有能力，就能制造很多仪器设备用于延伸我们的六根，增强我们的观察能力。本来我们的"觉的能力"是完全具足这些功能的，可以不用借助这些仪器仪表，但因为我们的贪、嗔、痴使得"觉的能力"被掩盖，就需要这些仪器仪表。

还拿眼镜做比喻。我们本来是不用眼镜就能正常看到东西的，但是因为我们贪看书、不正确地看书或者其他什么原因，把眼睛搞近视了。我们只好买副眼镜来改善视力，让"看的能力"再次显现。

与诸佛菩萨一样，我们本来是具备三明六通的，但是，因为贪、嗔、痴而得到了这个人身，虽然可以通过修行找回自己的三明六通，但是我们要吃很多的苦头才能找回自己本来具足的东西，甚至很多时候连人身也保不住。

这在《起世经》里就说得很清楚，因为我们的贪、嗔、痴，使得我们失去飞行的能力；因为我们的贪、嗔、痴，使得我们失去"地味"；因为我们的贪、嗔、痴，使得我们失去自然粳米；因为贪、嗔、痴使得我们失去……我们的"觉的能力"就是这样被一点一点掩盖，从而越来越迷惑。

我们现在还有这个人身，还知道可以通过修行来完善我们"觉的能力"的工具，这还算是幸运的了。我们如果再贪、嗔、痴下去，人身也难保。如果到了其他的生命形式里面，不知道通过修行可以完善我们"觉的能力"的工具，那就悲惨了。

比如在我们能看到的畜生道，哪个动物能知道去修行？

综合而论，哪个动物比我们的感知能力强？这就好比我们本来可以买副眼镜使眼睛恢复视力，然而我们却因为没有钱（修行的资粮）而不能成办，只好眼睁睁看着"觉的能力"被掩盖、被迷惑。

所以我们要修福，从而借助更多的"设备"来显现"觉的能力"——换句话说，通过修行使得我们最大程度地具有三明六通。所以我们要修慧，要使得自己觉悟起来，使得"觉的能力"不要被迷惑，使其觉悟起来。开发我们的智慧，让自己具有能更加完美地体现自己"觉的能力"的工具。正是因为我们这个不生不灭、不垢不净、不增不减的"觉的能力"存在，所以我们的修行才有意义；我们才能有修行的目标、才能有修行的动力、才能知道如何去修。

"觉的能力"是如何轮回的

前面我们讲了"'觉的能力'被迷惑"，知道了我们的"觉的能力"因为贪、嗔、痴从而得不到完美的实现工具，从而被迷惑了。被迷惑的"觉的能力"就是处于这样从一种生命形式到另外一种生命形式的不断轮回之中。

轮回之说是佛教特有的观点。三世因果报应、轮回不断，支持了中国社会两千多年来的向善信念。但是现代科

智
慧
的
苏
醒

学技术发展到今天这个地步，现代科学并没有揭示出轮回的真实存在。所以，在"科学控"的今天，新生代的年轻人常常被现代科学和传统的因果轮回观搞得晕头转向、不知所措。

有没有轮回，到底是什么东西在轮回，以及轮回中的各种问题，大家总在讨论，尤其是青年一代。有人说是第八识——阿赖耶识（根本识）在轮回，有人说是"觉"在轮回，更多的人说是灵魂在轮回，当然还有一部分人说根本就没有轮回。

其实这个问题可以说是老生常谈，可以说是公说公有理，婆说婆有理，自古以来是一个有争议的问题。自己在还没有信佛的时候，也是因为这个问题而对佛教产生怀疑。因为佛教中的善法部分是很容易让人接受的，而三世因果、六道轮回的观点就让科学控的我们难以明白。

记得自己当年问老和尚："如果有六道轮回，那么我的前生在哪里？"老和尚说："就在你的脚下！"当时自己听到这句话后，想翻跟斗，想跳起来。但是不管怎么想，自己的一切总在自己的脚下。然后听到老和尚又说："你不要用分段生死来看问题，用刹那刹那生死来看。"

当时回头看看自己的生活、工作、学习、人生、事业等等，一切的确是自己一步一步造就出来的；再看看自己发生在身边的事情，那些快乐的事情、那些苦难的事情、那些无聊的事情……一一无不是在这样残酷地轮回着，一下子让自己明白了确实有三世因果、六道轮回这么一回事。

这个回答把自己多年的理念完全推翻，所以当时自己就像疯了一样。因为多年来"人死如灯灭"的理念一直是自己的生活指南，这下认识到了有轮回，那么就要对自己所做的一切负责，真的是连死的权利也被剥夺。本来自己是想这辈子玩个痛快然后一死了之的，这下死不了了，所以毅然决定出家，去了脱自己的生死大事。

现在通过对佛教的学习，明白了更多的道理，对轮回的认识有了更深刻的体会。可以这样说，我们时时刻刻是在轮回之中，小点的从呼吸的轮回，大点的到婚姻的轮回（这个现象很好玩，很多再婚的人，选择的新伴侣往往与前任的妻子或者是丈夫的特点完全一样），甚至是对体育的爱好（自己早先就是玩滑翔伞，摔断腿后，又接着玩滑雪），一切总是在一定的区域里面轮回。

通过对《楞严经》的学习，发现"觉的能力"就是自己轮回的实体，这个"觉的能力"在我们小的时候和老的时候是完全一样的。从其他的经典来看，我们从来这个世界受生（《佛说入胎经》），到这一期生命结束（《佛说中阴经》），再到下一期生命的开始，我们"觉的能力"从来没有变过，是不生不灭、不垢不净、不增不减的。

我们的"觉的能力"虽然是不生不灭、不垢不净、不增不减的，但是，它有觉悟与迷惑之别。因为"觉的能力"存在迷惑，所以，我们就会感受天堂与地狱等的差别；因为"觉的能力"存在迷惑，这个迷惑往往会延续下去，所以对于同样事物的认识就会"轮回"在迷惑的"觉"中，这也就是因果轮回的实现。

只有把我们的"觉的能力"觉悟了，我们才能觉察到

智慧的苏醒

事物的实相，从而脱出轮回。这样就会知道：无始以来毕竟未曾生，将来也不会有人死，一切因果皆如梦幻等等道理。佛陀就是时时刻刻觉悟的人，所谓大觉；而我们却是绝大部分时候处于迷惑之中的人，所谓大迷。所以我们要修行觉悟人生，然后奉献人生去帮助别人觉悟。

迷惑结果出成见

前面我们讲了"'觉的能力'是如何轮回的"，知道了我们不生不灭、不垢不净、不增不减的"觉的能力"是如何被迷惑的。从我们现在所具有的身体表面上来看，这个"觉的能力"的工具因为迷惑而产生很多的缺陷，使得我们不能正确地认识我们所处的世界。从我们被迷惑的"觉的能力"深层次来看，我们的"觉的能力"被迷惑之后，产生了成见或者叫观念。这些后天形成的知见让我们堕落到烦恼之中、堕落到苦难之中、堕落到生死之中、堕落到轮回之中、堕落到……

就拿我自己来说吧，比如在四祖寺的斋堂，经常会吃到一种叫臭干子或者臭面筋的东西，当地人甚至一些外地人都很喜欢吃。大家都把这些东西当成是一道好菜，把吃这个当成改善伙食。但是，我自己一遇到吃这些东西简直就像是遇到灾难。自己也知道这东西可以吃，是没有什么问题的，但就是很怕，甚至一闻到这种臭味道就发生肌体性的恶心。所以，一到斋堂吃这些东西的时候，自己就要想方设法回避或者忍受。

这实际上就是自己对臭干子或者叫臭面筋成见太深，以至于肌体都会产生敏感的反应。知道了这个原因，自己就不会因为常常遇到这样的事情而烦恼，反而是看到吃臭干子或者叫臭面筋的时候，可以有意识地让自己去适应，希望慢慢能够接受这种东西。

再比如蚊子咬人。我们都会有这样的经历，一大群人在一起的时候有些人往往感觉蚊子总是爱咬自己；而有些人则对于蚊子咬感觉迟钝。这是为什么呢？实际上这也是成见在起作用。一方面是你自己的心理在起作用，另一方面是你的肌体在起作用。

蚊子尽管会有所偏好，会喜欢叮咬某些血型的人——你的肌体是某一血型就是因为你的成见太深，从而在DNA里面就把自己的肌体刻上符号了；但另一方面，自己总感觉蚊子喜欢叮咬自己，很大部分是自己的心理作用——因为你极端厌恶蚊子，见到蚊子在你面前飞就会有所反应。

这个特点在我自己的身上就很明显，见到蚊子身体就会痒起来。主要是感觉蚊子极其肮脏与恶心，样子极其丑恶，长得就是一种尖状的吸血丑样，而且身体就像很脏的败草。叮咬人就叮咬人吧，它还要嗡嗡叫，还要在叮咬你之后把脏东西放到你的身体里面，让你瘙痒难耐。

其实蚊子在每一个人看来是一样的，并没有在我自己的眼里而特别。只是我自己对蚊子的成见太深，产生了一见到蚊子就感觉痒的反应。所以，自己有的时候有意去观察蚊子，努力把它看得美丽一些，希望自己慢慢能够放弃这个成见，适应蚊子的特点。

如此等等有很多很多的例子，都是我们的成见引起来的。这些成见将我们带入地狱、饿鬼等我们感觉很厌恶的境界中去。反过来，当然好的成见就会把我们带到天堂等我们自己感觉很喜欢的境界中去。我们就是这样被我们被迷惑了的成见或者说是价值观，牵引到自己认为是好的或者说是喜欢的地方去了。

如果不消除我们的成见或者是不纠正不正确的价值观，我们就会这样一直轮回下去，只有把我们被迷惑了的"觉的能力"觉悟了，把我们的成见消除了，或者说是把我们的价值观纠正了，我们才能脱出轮回，才能解脱自己，才能奉献自己去帮助别人，从而步入圣人的阶位。

成见牵你去轮回

前面我们讲了"迷惑结果出成见"，知道了我们的"觉的能力"被迷惑之后产生了成见或者叫观念。这些不正确的价值观让我们堕落到烦恼之中、堕落到苦难之中、堕落到生死之中、堕落到轮回之中、堕落到……下面就看看我们是如何被这些成见牵引着轮回不断的。

因为我们的"觉的能力"被迷惑的程度不同，每一个人的价值观是不同的，或者说每一个人的成见是不同的。所以，世界就有了不同，在佛教来说就分成了十法界：地狱、饿鬼、畜生、人、阿修罗、天、声闻、缘觉、菩萨、佛。没有人判定你要去哪一道，都是我们根据自己的成见自愿跑进去的。这样当然也可以说是自己宣判自己进入哪一道的。

　　我喜欢什么，或者说是觉得哪样做才对，这就是我们的成见，这就是我们价值观在起作用。喜欢的东西是向善、向上的，或者说价值观是大众认为比较好的，我们就会处于善道；反过来，我们喜欢的是不善或者说价值观不被大众所认同，我们就会处于恶道。

　　我们就是在这样不停地轮回着，因为"觉的能力"被迷惑的程度不同，我们就有着不同的成见或者观念。在不同价值观的指导下，我们会有不同的行动，结果我们就在这些善恶道之间轮回不息。这些情景学佛的人绝大部分都很容易理解。更微细的时候，这些成见会深刻到我们的肌体中。

　　比如说我们被迷惑的"觉的能力"是如何贪到地狱去的呢？佛经里面有很多的描述。这些描述与我们的现实生活很类似，就像我们极端贪美食一样，我们拼命去追逐色香味，结果花了很大力气追到这个色香味的时候，一看是块根本不能吃的粪便。再有我们极端地贪美好的风光，然后我们就拼命去追逐这个美好的风光，结果花了九牛二虎之力追逐到了以后，一看变成了刀山剑树。还有描述我们贪图美色，见到美色就拼命地去追逐，结果追逐到的是一个魔鬼，从而烦恼不断、痛苦不堪。这与我们现实生活中的谈恋爱不成功有点类似。

反过来，我们被迷惑了的"觉的能力"是如何上天堂的呢？佛经里面也有很多很多的描述，主要是讲如何守持五戒，然后上升到天堂。从我的观点来看，实际上就是安住当下，满足于当下的生活际遇，认可当下的生活条件或者叫环境，这样就像生活在天堂一样。

这在我们的现实生活中也是能够看到的。很多人对眼前的生活很知足，在认可一些约束的前提下，享受着眼前的生活。在别人的眼里，这些人就像生活在天堂里面一样，过着无忧无虑的生活。其实，我们认为的天堂生活也一样是要受到一些约束的。

而对于人类，佛经里面也有很多的描述。我们人类世界是集合了天堂、地狱各种各样的生活形式的综合。因为人类是具有最高智慧的生命形式，知道修行或者叫学习之后可以生活如圣人一般，知道不修行或者是不学习、没有智慧就会生活得如同在地狱里面一样。所以，我们人类生活中就能看到所有的生命形式——所谓的圣人、天堂、畜生、饿鬼乃至地狱的生活方式。这实际上就是我们的成见或者说是价值观体现。如果我们能够在这样的生活形式下去为别人服务、去帮助别人，实际上我们就步入了圣人的阶位，也就是我们的"觉的能力"开始觉悟了，或者说是我们逃脱出了我们的成见，抛弃了固化我们思想的价值观。

然而，事实是不完美的。因为我们的"觉的能力"已经被迷惑了，再加上身体死亡的过程是一个极其痛苦的过程，在死亡这个过程中，我们"觉的能力"的迷惑又被加剧了一下，使得我们本已经被迷惑的"觉的能力"更加迷惑了。

所以，我们大多数步入极端的贪、嗔、痴中去，往往就跑到牛胎马腹中去了，甚至是下到地狱里面去了，上天堂的人却不多。能够保持住我们的人身都已经是一件不容易的事情了，更谈不上觉悟我们的"觉的能力"了，自然与转凡入圣背道而驰了。

六道路口自己判

前面我们讲了"成见牵你去轮回"，知道了我们被迷惑的"觉的能力"产生了成见或者叫错误的价值观，使得我们堕落到烦恼之中、堕落到苦难之中、堕落到生死之中、堕落到轮回之中、堕落到……我们知道了什么是轮回的主体之后，就容易明白我们是怎么轮回在生死之中了。

当我们知道了"觉的能力"是不生不灭、不垢不净、不增不减的，是我们轮回不断的实体，就让我们来看看"觉的能力"是如何进入中阴界的，或者说我们的人身体坏灭——死亡之后是如何的情况。生从何来，死向何去，这是大家非常关心的问题，也是学佛的一个关键问题。

智慧的苏醒

　　我们一定都有经验，医生在救护垂危病人的时候，总是在提醒病人不要睡过去，要他们保持清醒，这实际上就是提醒病人不要放弃自己的色身，要保持自己"觉的能力"不要被迷惑。很多经历过死亡的人也描述说，他们在脱壳的时候很舒服，而被救回来之后身体很痛苦。

　　事实上，当我们的色身开始坏灭的时候，我们的"觉的能力"是频繁地出入于这个工具——色身的。因为这个时候的色身处于病苦之中，在我们的感受中就处于很痛苦的状态；而当我们的"觉的能力"离开这色身的时候，也就是步入中阴身的时候，五通（天眼通、天耳通、他心通、宿命通、神足通等）现前，我们就感觉很舒服。

　　我们还不能舍掉这个工具——色身，是因为我们的贪心或者叫责任心等等，好像还有事情要去做；另外一个很大原因，"觉的能力"到了一个新环境，必然会有一些恐惧；同时，进入中阴，形成一个新的生命，也是一个极其痛苦的过程。这就好比让我们去一个陌生的山野之处，我们不知道该去哪里休息，也不知道我们的休息地方是什么样的，不知道下顿饭能不能吃上，将会吃上什么样的饭，更不知道我们会不会遇到伤害，所以，绝大部分的人是不想放弃目前的色身步入中阴生命的。

　　佛教对于处于这样境遇的人会通过"助念"的方式进行帮助，告诉他可以去阿弥陀佛极乐世界，甚至有一种专门帮助中阴生命到极乐世界的方法叫"中阴救度法"，或者叫"破瓦法"。因为根据阿弥陀经的指示，这个时候能够保持正念，能够知道阿弥陀佛极乐世界，就很容易到达阿弥陀佛极乐世界里面去。

　　我们因为"觉的能力"被迷惑，产生了成见或者叫作错误的价值观，才使得我们的敌人或者叫冤亲债主有了报复或者是纠缠我们的机会。我们往往在这个脆弱的时候，被他们引入可怕的境界中。同时，这是最容易被迷惑的时候，也是贪、嗔、痴最严重的时候，所以很容易被纠缠。

　　我们的成见越深，他们报复或者说是纠缠就越容易，我们就会越感觉不能自主，一不小心就被别人牵着鼻子走，思想情绪起伏不定，自然是不得安宁了。再加上我们没有定力，总是喜欢猎奇，往往就因此而跑到了一个充满贪欲的境地。

　　这样一来，当我们舍去这一色身之后，就投胎或者说是步入另外一个世界，也就是说，我们的"觉的能力"这个时候会因为自己的迷惑、根据自己的成见而选择了一个新的工具，当然最后的结果是被这个新的工具所局限。

　　所以，六道不是某个人在宣判我们进入，而是我们自己宣判自己。要想让自己进入善道或者叫作天人道，我们就要放弃一切不善的成见；或者说，我们要想避免进入恶道，也要放弃一切不善的成见。要想不再被牵入轮回，那么就要修出世间法，放弃所有的善恶成见。

智
慧
的
觉
醒
苏

生死关头不迷惑

前面我们讲了"六道路口自己判"，知道了我们在放弃"觉的能力"目前使用的工具——色身时候的情况。在"觉的能力"处于选择新的使用工具的关口的时候，完全要靠自己的定力，按照自己以往的成见或者叫价值观来选择自己将来使用的工具——身体。

因为旧的工具——色身坏灭的缘故，这个时候极度的痛苦，是我们"觉的能力"最脆弱的时候。往往我们因为没有定力，再加上错误的成见的影响，做出了错误的选择，而贪到牛胎马腹里面去了，甚至还可能就贪到地狱里面去了。所以，这个时候是非常需要帮助的。亲友的帮助，诸佛菩萨的帮助，能够引导我们做出更好的、正确的选择，这就是佛教里面"助念"法门的原理。

而对于有定力或者说是有修行的圣人来说，他们就可以自己做主。因为他们在这样的时刻，"觉的能力"仍然没有被迷惑。所以，可以自己做主选择到什么地方去，或者说是得到什么的色身，甚至他们可以回来继续使用这个我们凡夫认为已经坏灭的色身。

因为，色身的坏灭，事实上是我们无法忍受再继续使用这个色身而已。色身的老化是有一个过程的。对于我们人类来说，我们的色身新陈代谢是有一定周期的。一般来说，我们身体里面的细胞最长寿命不会超过八年，也就是说八年之内，我们身体就全部更新一次。

所谓的老化，就是新陈代谢的周期变长。这些老化的身体组织不能及时得到更新，我们就会感觉非常的难受与痛苦。老化到一定程度还不更新，我们就无法忍受这个痛苦，这就发生了所谓的色身坏灭的状况，绝大部分的人就无奈地选择放弃这个色身。

而对于有定力或者说是有修行的人来说，他们能够做到想放弃这个色身就放弃，选择一个新的色身来使用；想继续忍受这个痛苦和难受的色身也可以继续忍受使用这个色身，所以就有了非常长寿的修行人。对于他们来说，这个过程是很自由的，甚至祖师里面还有教我们舍弃色身的方法。

四祖道信大医禅师在他的《入道安心要方便法门》里面就介绍了如何舍身的办法：

凡舍身之法，先定空空心，使心境寂静，铸想玄寂，令心不移。心性寂定，即断攀缘，窈窈冥冥，凝净心虚，则夷泊恬平，泯然气尽，住清净法身，不受后有。若起心失念，不免受生也。此是前定心境，法应如是。此是作法。法本无法；无法之法，始名为法。法则能作，夫无作之法，真实法也。是以经云：空无作，无愿，无相，则真解脱。以是义故，实法无作。舍身法者，即假想身根，看心境明地，即用神明推策。

看完上文，大家可能会迷惑，因为我们的功夫不够，定力也不够。但是我们做不到，不是所有人都做不到，而是有很多人做到了。比如四祖他自己就做到了。当年他自己走进毗卢塔，把石头门一关，在里面舍身了。过了十几个月，塔门自己开了，他的徒弟见他的色身完好无损就请到庙里面的四祖殿供养。

对于我们没有定力的凡夫来说，就需要通过外界的力量——助念来帮助自己保持正念，希望将来选择到一个比较好的色身。甚至是对于色身还没有完全坏灭的人（比如植物人），我们也能够通过助念等法门来帮助他们保持正念，减少迷惑，甚至帮助他们选择将来的色身。

"觉的能力"需助念

前面我们讲了"生死关头不迷惑"，知道了在我们的生死关头要保持正念，减少迷惑，选择我们将来更好的色身，不要被自己的贪、嗔、痴所牵引堕落到不如意的地方去，这需要有定力。对于我们没有定力的凡夫来说，就需要外界的帮助——所谓的助念。

对于已经舍弃色身的"觉的能力"来说，这个时候五通现前，只要能引起他的兴趣、让他知道自己该如何选择就可以。能够知道自己想去的地方，或者说是如何能够得到自己喜欢的色身，这并不难；难在让他信任你的话，接受你的助念或者说是你的劝导。

所以一般来说，在这种情况下助念，就到佛教的寺院去做佛事比较好。比如寺院里面下午随晚课做超度往生普佛，这个佛事就是介绍被超度者往生到西方极乐世界去的佛事。只要被介绍者认可去西方极乐世界，愿意接受诸佛菩萨的现前、大众的劝请就能成行。

当然我们助念也不都能成功，主要是看被超度的人是否对我们有信心，是否接纳我们的帮助，是否想去我们所介绍的西方极乐世界等。因为我们自己都还在这个娑婆世界，又是凡夫俗子，他们不一定对我们有信心，所以助念的效果是不一定有的。

对于还没有舍弃色身的"觉的能力"来说，这个时候病苦交加，死苦现前，非常难受，想控制、指挥色身做点事情或者仅仅是一些小动作都非常困难，而且绝大部分的情况是，色身的很多功能已经失去，不一定能看、能听、能嗅、能闻、能触、能想。所以，这个时候的助念就完全靠我们坚持不断地说、坚持不断地刺激，希望他能够了解我们的劝请或者说帮助。就拿长期昏迷的植物人来说吧，能否通过助念达到我们希望他的去向，这个答案是不肯定的。但是，只要我们有恒心，是一定能够与他实现沟通的。

因为，我们知道我们的"觉的能力"是永远存在的，不会因为处于昏迷或者植物人状态而减少或者丧失，只是这个时候他们的色身不好用了，接收到我们的劝告比较困难，所以，坚持不断地帮助他们助念的意义是非常重大的。

不管是希望他们恢复知觉还是往生极乐世界，都是如此。

我们知道人处于昏迷或者植物人状态的时候，神经系统处于崩溃状态，已经不能正常工作了，换成佛教的话来讲就是六根基本上坏了，或者说是没有作用了（对六尘不能产生六识）。医学上的治疗只是希望他的神经系统能够恢复，达到康复的效果，而神经系统的恢复是很难把握的，所以实际上处于听天由命的状态。

从"觉的能力"来说，他们的对外界能够感觉的能力是不会失去的，但是因为自己的六根坏了，所以对外界的状态无法明白。实际的情况千差万别，有的六根并不是完全坏了，而是不好用或者很长时间没有用而不知道如何使用了而已。他们在这样的状态中，实际上是非常着急的。

神经医学应该有很多的办法来刺激病患的神经，希望通过这样的方法来使得病患早日康复，但是这些大多是物理上的帮助，精神上的安慰却很少或者因为不能交流而没有实现。助念这个时候是很需要的，如果能够让病患产生感应，那效果是非常不可思议的。

所以，这个时候的助念更需要技巧，除了眼、耳、鼻、舌、身、意六根之外，就靠感应。前面的六根刺激技巧，自己的经验肯定不如临床医生丰富，可以参考临床医生的建议来尽量使病患感知到你的告诫。当然，同步呼吸助念也是一个很好的办法，同时还可以加上身体刺激的同步呼吸来增加患者的感知力。

感应就全靠我们助念人的专注力了，这个时候是对我们专注能力的大考验，也与患者的信心有关系。所以，如果是患者的亲友,效果可能会更好,应该结合六根的刺激一起来助念,让患者(有往生阿弥陀佛极乐世界愿望的)提起正念,放弃这期生死,提起往生阿弥陀佛极乐世界的愿望。当然对于没有信仰的患者我们还是不要鼓励往生的好,因为有法律和道德的问题。

临终助念少痛苦

前面我们讲了"'觉的能力'需助念",知道了我们的"觉的能力"在舍弃这个色身工具——死亡的时候是非常迷惑的,很需要外界的帮助。不管是我们的"觉的能力"已经舍掉了这个色身还是尚未舍弃这个色身,助念都是非常需要的。

即使是对于没有佛教信仰基础的人,助念也是必需的。只是这个时候可以通过其他的内容来达到让患者专注、安心,使患者得到安慰——所谓的临终关怀。比如有其他信仰的人,我们提醒他现在应该保持自己的信仰,不要因为眼前的困苦而迷失,因为这样可以让他们专注于自己的信仰,减少他们的痛苦。

而且助念对于康复也是非常有利的。因为我们的助念能够让他们安心、能够让他们感受到关爱、能够让他们专注于恢复自己的色身功能、能够……经过患者配合治疗,增强恢复自己肌体(神经系统)的信心,那么他们就有可

智
慧
的苏
醒

能走出迷惑（昏迷或者植物人）状态。

现在西方一些国家已经通过了"安乐死"法案。从安乐死的措施来看，让病患自愿地放弃这个痛苦的色身，给病者施行麻醉后，破坏他的身体功能，使得他的肌体失去生命力，从而表面上无痛苦地死亡。如果有宗教信仰的话，可以坚定信念地选择一个新的色身。如果没有坚定的宗教信仰的话，实际上是不安乐的。因为色身不能用了，或者说"觉的能力"被严重迷惑了，在这种情况下，自己的"觉的能力"换了一个新的工具，自己在这个新工具面前一定是非常无助、恐惧慌乱的，因为我们最怕的事情是对未来情况的不确定。

动过手术的人都知道，在麻醉的情况下，意识并没有失去，只是不能对自己的身体进行操控而已。这就相当于我们的"觉的能力"被严重迷惑，迷惑到对眼前所使用的工具——色身无法再指挥使用。所以，"安乐死"必须要有宗教信仰的支持。（通常说的"安乐死"争议太大，最好回避一下。只要是用外在的手段帮助别人的色身坏掉，在绝大多数人包括有信仰者看来，还是属于杀人——按自然死亡的过程来说，他的业可能没有得到应该的转化，就安乐地死掉了，可能影响他转生到本来可以去的更好的地方。）对于佛教徒来说，在病人临终的时候助念就是一种非常好的"安乐死"。因为对于有一定定力、知道将来会去什么样的地方、得到什么样的新工具——色身的"觉的能力"来说，他不会再害怕了，只要他专注起来，认准要去的地方，就能不靠任何药物的帮助而前往。

所以，对于发愿往生阿弥陀佛极乐世界的人来说，他们还在病苦中就能产生坚定的信心，专注地念阿弥陀佛就能使得他们转移痛苦。且不说阿弥陀佛的加持，光是专注力的转移，我们就能减少痛苦，这在科学上是很好解释的；何况还有阿弥陀佛四十八大愿的帮助。当然，这需要平时有过专注力训练的功夫，在没有得到任何帮助的时候，他的专注能力也能产生效果；再加上阿弥陀佛愿力这一根救命稻草，所以念佛的人不但在平时会心态平稳、与世无争，显得轻松快乐，而且，在临命终时有最彻底的"安乐死"法，使得我们的"觉的能力"在最少痛苦、没有恐惧的前提下，结束这一期的生命；还能够满往生极乐的愿望，真的是万善同归，万人念佛万人去，三根普被，利钝兼收。

　　当然往生的品级会有所不同。这是与平时的修行有关的，上品上生的人当时就花开见佛，最坏的要五百岁（也很可怕，因为阿弥陀佛的一日夜是我们娑婆世界的一劫）后才能花开见佛。这些内容这里不详细讲，因为讲往生阿弥陀佛极乐世界的经典很多，文章也很多。

"觉的能力"入中阴

　　前面我们讲了"临终助念少痛苦"，知道了我们的"觉的能力"在更换工具（前面的色身死亡，接受一个新的色身）的时候是非常痛苦迷茫的。这个时候如果能够得到助念的帮助，那么就会减少很多的痛苦，因为这是我们最最脆弱的时候。下面我们说说眼前的色身舍弃后的情况。

各种经典里面都说，我们的色身坏了以后除了升天、下地狱或者到阿弥陀佛极乐世界，以及有能力又有愿力的可以到自己想到的地方去以外，其他都步入中阴。所谓前阴已尽，后阴（以后会讲中阴是如何入胎的）未到，中阴现前。佛陀还专门示现中阴身，以妙觉如来的身份讲了一部《佛说中阴经》，广度中阴有情。

因为我们的"觉的能力"不生不灭、不垢不净、不增不减……所以在中阴身中，我们的"觉的能力"也没有改变。只是因为在中阴身中没有了我们现在的这个色壳子——"觉的工具"，没有了眼、耳、鼻、舌、身、意六根来与外界交流，只能以"微形"显现出来。《佛说中阴经》说：

> 尔时世尊内自思惟：此中阴形极为微细，唯佛世尊独能睹见。然此众生有学无学，一住二住乃至九住，非彼境界所能睹见。吾今以佛威神入照明三昧，令四部众比丘比丘尼优婆塞优婆夷睹此微形。

佛以他的神力，使得我们能见到此"微形"，这个"微形"同样能感知佛所说的内容。在《佛说中阴经》中，佛陀还把中阴众生吃什么、寿命有多长、脸是什么样都讲出来了：

除母腹中所食血分，东弗于逮儿生堕地乃至三岁，饮乳一千八百斛。西拘耶尼儿生堕地乃至三岁，饮乳八百八十斛。北郁单越儿生堕地坐著，陌头行人授指嗽指，七日成人，彼土无乳。中阴众生饮吸于风。阎浮提众生寿命百岁，东弗于逮寿命五百岁，西拘耶尼寿命二百五十岁，北郁单日寿命千岁，中阴众生寿命七日。阎浮提人面上广下狭，弗于逮人面正圆，拘耶尼人面上狭下广，郁单日人面正方，中阴众生面状如化自在天。

我们的"觉的能力"在步入中阴之时，经受过死亡如生裂龟壳、八苦交煎的痛苦以后，大多处于迷惑和恐惧之中。这时候主要是随自己的业力、念力、习气所左右，不能自主。这个时候，如果有善知识的教导与开示，并随教而去念阿弥陀佛，这就是所谓的中阴救度法。

上面所说的生天、下地狱或者到阿弥陀佛极乐世界，以及有能力又有愿力可以到自己想到地方去的人，在自己认为，并非没有中阴身，而是他们的中阴身寿命很短，短到一念之间而已。他们的特点是业力、念力或者说自主能力很强，一念之间就到达。

对于修行人来说，如果发愿往生阿弥陀佛极乐世界，佛陀在《佛说阿弥陀经》里面说：

若有善男子善女人，闻说阿弥陀佛，执持名号。若一日，若二日，若三日，若四日，若五日，若六日，若七日，一心不乱，其人临命终时，阿弥陀佛，与诸圣众，现在其前。是人终时，心不颠倒，即得往生阿弥陀佛极乐国土。

所以，想往生到阿弥陀佛极乐世界的人，就要临命终时心不颠倒。

对于想入有余涅槃、不受后有的人来说，四祖道信大医禅师在他的《入道安心要方便法门》中说："泯然气尽，住清净法身，不受后有。若起心失念，不免受生也。此是前定心境，法应如是。"当然这样是非常难的，没有定力的人是难以做到的。

对于我们没有定力的凡夫来说，就随着我们的业力（我们因以前的所作所为而形成的成见或者叫价值观），投生到我们喜欢的地方去，或者说是我们贪心什么就会贪到什么地方去。所以，我们常常说不贪不到娑婆，往往是贪着贪着就贪到牛胎马腹里面去了。

"觉的能力"入胎藏

前面我们讲了"'觉的能力'入中阴"，知道了因为我们被迷惑的程度不同而产生了不同的成见，又被这些价值观牵引着轮回到各个地方。于是我们的"觉的能力"在这一期生命结束以后进入中阴，换了一套工具来进行体现。

那么，我们的"觉的能力"又是如何从中阴进入胎藏的呢？当然我们知道这是因为我们的贪、嗔、痴，但是具体的过程是什么样的？佛在《佛说入胎经》中说：

佛告难陀："虽有母胎，有入不入。云何受生入母胎中？若父母染心共为淫爱，其母腹净，月期（排卵期）时至，中蕴（就是所谓的中阴）现前，当知尔时名入母胎。此中蕴形，有其二种：一者形色端正，二者容貌丑陋。地狱中有，容貌丑陋，如烧杌木；傍生中有，其色如烟；饿鬼中有，其色如水；人天中有，形如金色；色界中有，形色鲜白；无色界天，元无中有，以无色故。"①

看完这段我们就知道中阴入母胎的条件和形状。下面这段是讲成功入胎的条件，如果有一个不行则不能成胎。

中蕴有情，或有二手、二足，或四足、多足，或复无足，随其先业应托生处，所感中有即如彼形。若天中有，头便向上；人、傍生、鬼，横行而去；地狱中有，头直向下。凡诸中有，皆具神通（指中阴身的相似神通。由于业力所限，不能完全自主。有时自然呈现，有时不起作用，所以和修炼所得的神通不同。严格说，只有成了佛，得了第六通——漏尽通，才算是真正的神通。没有得漏尽通之前，即使修炼而得的天眼通、天耳通、他心通、宿命通、神足通等，都只能算是五种通力，或者简称为五通），乘空而去。犹如天眼远观生处，言月期至者，谓纳胎时。难陀，有诸女人，或经三日，或经五日、半月、一月，或有待缘

①参阅李淑君：《人之初——〈佛说入胎经〉今释》，东方出版社，2009年7月版。根据：http://bbs.seedit.com/thread-1271224-77-1.html

经久期水（女性荷尔蒙）方至。若有女人，身无威势，多受辛苦，形容丑陋，无好饮食，月期虽来速当止息，犹如干地洒水之时即便易燥。若有女人，身有威势，常受安乐，仪容端正，得好饮食，所有月期不速止息，犹如润地水洒之时即便难燥。云何不入？父精出时，母精不出；母精出时，父精不出；若俱不出，皆不受胎。若母不净、父净，若父不净、母净，若俱不净，亦不受胎。若母阴处为风病所持，或有黄病痰癊（黄带），或有血气胎结，或为肉增，或为服药，或麦腹病、蚁腰病，或产门如驼口，或中如多根树，或如犁头，或如车辕，或如藤条，或如树叶，或如麦芒，或腹下深，或有上深，或非胎器，或恒血出，或复水流，或如鸦口常开不合，或上下四边阔狭不等，或高下凹凸，或内有虫食烂坏不净。若母有此过者，并不受胎。或父母尊贵，中有卑贱；或中有尊贵，父母卑贱。如此等类，亦不成胎。若父母及中有俱是尊贵，若业不和合，亦不成胎。若其中有，于前境处，无男女二爱，亦不受生。

下面这段是讲中阴是怎么贪的，因为这个贪就贪到母亲的肚子里面去了。所以，四祖在他的《入道安心要方便法门》中说，不能起心动念，一旦起心动念"则不免受生也"。

难陀，云何中有得入母胎？若母腹净，中有现前，见为欲事，无如上说众多过患，父母及子有相感业，方入母胎。又彼中有欲入胎时，心即颠倒，若是男者，于母生爱，于父生憎；若是女者，于父生爱，于母生憎。于过去生所造诸业，而起妄想作邪解心，生寒冷想，大风、大雨及云雾想，或闻大众闹声；作此想已，堕业优劣，复起十种虚妄之相。云何为十？我今入宅，我欲登楼，我升台殿，我升床座，我入草庵，我入叶舍，我入草丛，我入林内，我入墙孔，我入篱间。难陀，其时中有作此念已，即入母胎。应知受生，名羯罗蓝。父精母血非是余物，由父母精血和合因缘，为识所缘依止而住。譬如依酪、瓶、钻、人功，动转不已，得有酥出，异此不生；当知父母不净精血羯罗蓝身亦复如是。

复次，难陀，有四譬喻，汝当善听。如依青草，虫乃得生，草非是虫，虫非离草；然依于草因缘和合，虫乃得生，身作青色。难陀当知，父精母血羯罗蓝身亦复如是，因缘和合大种根生。如依牛粪生虫，粪非是虫，虫非离粪；然依于粪因缘和合，虫乃得生，身作黄色。难陀当知，父精母血羯罗蓝身亦复如是，因缘和合大种根生。如依枣生虫，枣非是虫，虫非离枣；然依于枣因缘和合，虫乃得生，身作赤色。难陀当知，父精母血羯罗蓝（意为胚、胎，指托胎以后初七日间之状态，吾人之"识"之最初依托处）身亦复如是，因缘和合大种根生。如依酪生虫，身作白色，广说乃至因缘和合大种根生。

复次，难陀，依父母不净羯罗蓝故，地界现前，坚鞕（硬）为性；水界现前，湿润为性；火界现前，温暖为性；风界现前，轻动为性。难陀，若父母不净羯罗蓝身，但有地界，无水界者，便即干燥悉皆分散；譬如手握干麨（炒面粉或米粉）灰等。若但水界，无地界者，即便离散；如油渧（滴，渗下）水。由水界故地界不散，由地界故水界不流。难陀，羯罗蓝身，有地、水界，无火界者，而便烂坏；譬如夏月阴处肉团。难陀，羯罗蓝身，但有地、水、火界，无风界者，即便不能增长广大。此等皆由先业为因，更互为缘，共相招感，识乃得生，地界能持，水界能摄，火界能熟，风界能长。难陀，又如有人若彼弟子熟调沙糖，即以气吹令其增广，于内虚空犹如藕根；内身大种，地、水、火、风业力增长亦复如是。难陀，非父母不净有羯罗蓝体，亦非母腹，亦非是业，非因非缘；但由此等众缘和会，方始有胎。如新种子，不被风日之所损坏，坚实无穴，藏举合宜，下于良田，并有润泽，因缘和合方有芽茎，枝叶华果次第增长。难陀，此之种子，非离缘合，芽等得生。如是应知，非唯父母，非但有业及以余缘，而胎得生；要由父母精血因缘和合，方有胎耳！难陀，如明眼人为求火故，将日光珠置于日中，以干牛粪而置其上，方有火生。如是应知，依父母精血因缘合故，方有胎生。父母不净成羯罗蓝，号之为色；受、想、行、识即是其名，说为名色。此之蕴聚可恶名色托生诸有，乃至少分刹那，我不赞叹。何以故？生诸有中，是为大苦！譬如粪秽，少亦是臭；如是应知生诸有中，少亦名苦。此五取蕴，色、受、想、行、识，皆有生、住、增长及以衰坏。生即是苦，住即是病，增长衰坏即是老死。是故，难陀，谁于有海而生爱味，卧母胎中受斯剧苦？

　　这是说中阴入人胎的过程，佛陀在《佛说入胎经》的后部分还很详细地讲了我们人类入胎后，三十七周在母胎中的活动过程，这与现代医学的认识也是非常接近的。应该这样说，很多不为现代医学知道的东西，佛陀在《佛说入胎经》中说出来了。这里主要是想告诉大家，我们的"觉的能力"从来是不生不灭、不垢不净、不增不减的。我们的这一期生命结束以后，进入中阴，然后再入胎，也就是所谓"前阴已尽，后阴未到，中阴现前"。从这个过程我们知道，所有一切的罪魁祸首是我们的贪、嗔、痴在引导我们的身、口、意在造业。这样就能明白为什么佛陀一再地在讲守五戒、行十善的重要性。可以这样说，佛陀讲了四十九年的经，根本教法就在于五戒十善。只要我们能把握住这五戒十善，我们就有机会得到解脱。

五戒十善保人身

前面我们讲了"'觉的能力'入胎藏"，知道了体现我们的"觉的能力"的工具——人身是如何得到的，这样我们就知道了守五戒、行十善的重要性。因为我们都希望自己有一套好的工具来体现我们的"觉的能力"，希望我们的"觉的能力"少迷惑一些。

我们知道了"觉的能力"是众生平等、不生不灭、不垢不净、不增不减……的，而且常常处于迷惑的状态以后，就比较容易生起修行的念头，因为谁也不想让自己处于迷惑的状态、谁也不想让自己处于愚痴的状态、谁也不想糊里糊涂地死亡、谁也不想与别人结下怨仇、谁也不想……

明白了这个不生不灭、不垢不净……的"觉的能力"，我们的修行就好办了，我们就不会随便去杀死一个生命，因为我们知道它们与我们是平等的；我们就不会去轻视别人，因为他们的"觉的能力"与我们是一样的，是平等的；我们就知道应该去找回我们失去的"显微镜"、"收音机"等三明六通了……

我们也就知道要守五戒、行十善：不能随便杀生，不能随便偷盗，不能随便邪淫，不能随便妄语，不能随便恶口（骂人），不能随便两舌（挑拨离间），不能随便绮语（说无意义的话），不能随便贪，不能随便嗔，不能随便痴，不能随便喝酒、吸食麻醉品。只有通过修行守持这五戒、十善，我们才能保证我们的人身这一工具完善。世俗还有"己所不欲，勿施于人"之说，何况我们守五戒、行十善的佛弟子。

所以我们要尊重生命不杀生，因为，我们知道众生都有这个"觉的能力"，我们即使只是对其他的众生不公平，他们都会产生怨恨之心，何况我们将他们的命根断掉。所以，我们会珍惜一切的生命、尊重一切的生命、保护一切的生命、平等对待一切的生命……

所以我们要尊重别人的劳动不偷盗，不随便盗窃别人的财物。因为，我们知道大家的"觉的能力"永远存在，今天我们的行为将来必将还报。一切的因果必然会在轮回中落实，今天拿了人家什么东西，将来必将连利息一起还的。所以，我们就会明白"今天贪他一粒米，将来还他半年粮"的古训。

所以我们要尊重友情不邪淫，我们不会随便邪淫。因为，我们知道我们的"觉的能力"从来没有离开过这些众生。我们曾经互为兄弟姐妹、父母师长，我们怎么会对自己的亲人起贪欲之心？从而，我们会检点自己的行为，尊重别人的名誉，同时也是尊重自己。

所以我们要诚实不妄语，因为，我们不会希望将来有更多的纠缠与怨恨。所以，我们不会随便恶口、两舌、妄语、绮语。因为，我们知道我们的"觉的能力"也不喜欢别人对我们这样。我们今天如果被别人恶口、两舌、妄语、绮语了，我们会怎么样？将来我们也必将得到同样的回报。

所以我们要尊重智慧不吸食麻醉品，因为酒等麻醉品会加深我们的"觉的能力"被迷惑，使得我们的智慧减少，做出比目前已经被迷惑的情况下更加糟糕的事情。因为我们已经烦恼重重、困难重重了，我们不能再加深这些烦恼与苦难。我们自然会知道要远离这些东西。

所以，我们不会随便去贪、去嗔、去痴。因为，我们知道我们的"觉的能力"会对自己的贪、嗔、痴的结果负责。我们将为自己现在的行为付出代价。这样，我们就会谨小慎微地面对眼前的一切，我们必然会自觉地去守五戒、行十善。因为只有这样，我们才能步入智慧的生活，为自己的将来铺平道路。

反过来说，我们不作这些十恶，就是在行十善。我们就会做到净慧老和尚他老人家说的"以感恩的心面对世界，以包容的心和谐自他，以分享的心回报大众，以结缘的心成就事业"。这就是在行菩萨道，这就是在修行，这就是在奔向成佛之路。

当我们明白了自己的"觉的能力"以后，一切的修行就成了理所当然的事情：就能克服修行中的一切困难，就能面对修行中一切的不如意，就能明白自己为什么要这样做，就能明白自己这样做以后的后果是什么，就能明白如何去做能够更好地实现自己的愿望！

"觉的能力"要觉悟

前面我们讲了"五戒十善保人身"，知道要想保住我们的人天福报，我们的"觉的能力"要想得到一个好的工具——色身，就要守五戒、行十善，就要修行使得自己的"觉的能力"不要被迷惑得那么深，就要尽量地把我们的"觉的能力"保持在觉悟的状态。

那么在我们现在拥有一个不完善的色身前提下，如何才能使我们的"觉的能力"时时刻刻处于觉悟状态？或者说是如何才能通过修行，使得我们目前被迷惑了的"觉的能力"更多地处于觉悟状态呢？四祖在他的《入道安心要方便法门》里面说：

《观无量寿经》云：诸佛法身，入一切众生心想，是心是佛，是心作佛。当知佛即是心，心外更无别佛也。略而言之，凡有五种：一者知心体，体性清净，体与佛同；二者知心用，用生法宝，起作恒寂，万惑皆如；三者常觉不停，觉心在前，觉法无相；四者常观身空寂，内外通同，入身于法界之中，未曾有碍；五者守一不移，动静常住，能令学者明见佛性，早入定门。

诸经观法，备有多种。傅大师所说，独举守一不移。先当修身审观，以身为本。又此身是四大、五阴之所合，终归无常，不得自在。虽未坏灭，毕竟是空。《维摩经》云：是身如浮云，须臾变灭。又常观自身空净如影，可见不可得。智从影中生，毕竟无处所，不动而应物，变化无有穷。空中生六根，六根亦空寂，所对六尘境，了知是梦幻。如眼见物时，眼中无有物。如镜照面像，了了极分明，空中现形影，镜中亦无物。当知人面不来入镜中，镜亦不往入人面。如此委曲，知镜之与面，从本以来不出不入，不去不来，即是如来之义。如此细分判，眼中与镜中，本来常空寂，镜照眼照同，是故将为比。鼻舌诸根等，其义亦复然。知眼本来空，凡所见色者，须知是他色；耳闻声时，知是他声；鼻闻香时，知是他香；舌别味时，知是他味；意对法时，知是他法；身受触时，知是他触。如此观察，知是为观空寂。见色，知是不受；不受色，色即是空。空即无相，无相即无作。此是解脱门。学者得解脱，诸根例如此。复重言说，常念六根空，寂而无闻见。《遗教经》云：是时中夜，寂然无声。常知如来说法，以空寂为本。

常念六根空寂，恒如中夜时。昼日所见闻，皆是身外事，身中常空净。

守一不移者，以此空净眼，住意看一物，无间昼夜时，专精常不动，其心欲驰散，急手还摄来，如绳系鸟足，欲飞还掣取，终日看不已，泯然心自定。《维摩经》云：摄心是道场，此是摄心法。《法华经》云：从无数劫来，除睡常摄心，以此诸功德，能生诸禅定。《遗教经》云：五根者，心为其主，制之一处，无事不办。此是也。……

若初学坐禅时，于一静处，直观身心、四大五阴、眼耳鼻舌身意及贪嗔痴，若善若恶，若怨若亲，若凡若圣，及至一切诸法，应当观察：从本以来空寂，不生不灭，平等无二；从本以来无所有，究竟寂灭；从本以来清净解脱。不问昼夜，行住坐卧，常作此观，即知自身犹如水中月，如镜中像，如热时炎，如空谷响。若言是有，处处求之不可见；若言是无，了了恒在眼前。诸佛法身皆亦如是。即知自身从无量劫已来毕竟未曾生；从今已去，亦毕竟无人死。若能常作如是观者，即是真实忏悔。千劫万劫，极重恶业，即自消灭；唯除疑惑不能生信，此人不能悟入。若生信，依此行者，无不得入无生正理。

看这段话的时候，应该知道这里所说的"心"就是指我们的"觉的能力"。这是一段教我们如何用功的话："……凡有五种：一者知心体，体性清净，体与佛同；二者知心用，用生法宝，起作恒寂，万惑皆如；三者常觉不停，觉心在前，觉法无相；四者常观身空寂，内外通同，入身于法界之中，未曾有碍；五者守一不移，动静常住，能令学者明见佛性，早入定门。"

四祖说用功有五种"要知道"，第一要知道我们心与佛同，就是说我们的"觉的能力"与佛是一样的；第二要知道"心"用，就是说我们的"觉的能力"的作用或者说能力；第三要知道如何控制自己的"心"，要让我们的"觉的能力"时时刻刻保持觉悟的状态；第四要知道我们的"觉的能力"所使用的工具——身体——是"空"的，是幻化无常的，而我们的"觉的能力"就是靠这个幻化无常的工具表现出来的，具体表现在六根上面；第五要知道用功最好的方式"守一不移"，就是要想掌握自己的"觉的能力"，就要用"守一不移"的方式。应该知道，表现我们的"觉的能力"的工具（色身）是幻化无常的，而我们的"觉的能力"却从来不会改变……

"常作此观，即知自身犹如水中月，如镜中像，如热时炎，如空谷响。若言是有，处处求之不可见；若言是无，了了恒在眼前。诸佛法身皆亦如是。即知自身从无量劫已来毕竟未曾生；从今已去，亦毕竟无人死。"这样我们就能理解，我们的"觉的能力"通过这个幻化的工具（色身）表现了出来，而"觉的能力"本身或者说我们的"法身"从来没有改变。所以说，我们的"觉的能力"从来就没有生过，将来也不会灭。这里很好地说明了"觉的能力"是不生不灭、不垢不净、不增不减……

"觉的能力"要修行

前面我们讲了"'觉的能力'要觉悟",知道了我们被迷惑了的"觉的能力"是可以通过修行来得到解脱的。四祖道信大师在他的《入道安心要方便法门》里很明确地告诉了我们如何去修行。可以这样说,佛佛祖祖都是为了告诉我们,可以通过修行使得我们的"觉的能力"得到觉悟这件事而来我们这个世界的。

我们的"觉的能力"常常处于迷惑状态,所以需要修行,以期由迷惑状态改正为觉悟状态。这就是我们平常说的"不怕念起,就怕觉迟"。我们凡夫不可能做到念念觉悟,修行就是要把我们的觉悟显现出来;修行的过程,就是要我们一旦发现自己处于迷惑,马上能够觉悟。

佛佛祖祖有很多方法让我们得到觉悟:诵经、拜忏、念佛、拜佛、参话头、看话头、持咒、观想、经行等等,有所谓八万四千法门,这些法门无非是要我们保持觉悟的状态;期望通过长时间的修行,把这些觉悟的状态变成"串习",最后使得自己时时刻刻处于觉悟的状态。

我们的"觉的能力"被迷惑后主要表现为散乱与昏沉。散乱就是胡思乱想,精神不能集中;昏沉就是想睡觉,不知道自己堕落到哪个黑山鬼窟里面去了。所以,佛佛祖祖教我们的八万四千法门，无非是要我们远离散乱与昏沉。具体每一个人用什么方式最好，这与各自的情况有关。

在宋代，有个叫师彦的禅师，他在隐居丹丘瑞岩修行的时候，用功的方法非常奇特。他平时于磐石间，终日宴坐如愚，常常自唤主人公，然后自应诺，并嘱咐道："惺惺着，他后莫受人谩。"（惺惺，高度觉醒；谩，意为欺骗。）他就是这样，时时刻刻提醒自己，要处于觉悟状态。

惺惺寂寂是我们在禅堂用功的方式，在永嘉大师的文集里面提到。因为我们现在的人根性差，不能时时刻刻处于"惺惺"状态（一过度惺惺就散乱了），所以就要互助以"寂寂"。这实际上也是天台宗的"止观"，止就是寂寂，观就是惺惺。惺惺多了容易散乱，就要互助以寂寂；寂寂多了容易昏沉，所以就要互助以惺惺。

从这里面我们知道，我们不管是以什么样的方式用功，目的就是为了保持我们的"觉的能力"不被迷惑。我们在专业的场所（寺院、禅修中心等）修行，就很容易知道应该使用什么方式。这些地方一般会有专业的指导老师，帮助我们达到这一目的。

那么在日常生活中要如何才能保持我们的"觉的能力"呢？祖师们也教给我们很多方法，自己的师父提出来的"生活禅"就是一个非常实用的方式。因为介绍得很多了，这里就不再重复。

今天向大家介绍西天二十二祖摩喀罗教我们的一个非常实用的方式：

心随万境转，转处实能幽。

随流认得性，无喜亦无忧。

这就是要我们在平常的生活中，不管面对什么样的事物，要保持高度警醒的头脑，以平等之心面对一切。当然这句话还有很多更深刻的含义，大家可以自己留心。

这实际上就是教我们保持"觉的能力"不迷惑的办法。如果我们能够在日常生活中时时刻刻保持不迷惑，我们就能够做到无挂碍地随顺世缘了。这实际上就是在我们拥有这样一个不完善的色身前提下，最佳地修行我们自身的方法，也是在我们人道中修行的最高境界。

明白了我们的"觉的能力"是通过我们的福报感应来的这部"机器"来体现的，我们就会明白僧肇大师说的"天地与我同根，万物与我一体"这句话的真实性。我们就是这样在这个世界上头出头没，轮回不息，吃尽了苦头。不去修行如何了得？如何能脱离这痛苦的六道？

禅修中的"觉的能力"

前面我们讲了"'觉的能力'要修行"，知道了我们被迷惑的"觉的能力"要如何修行才能得到解脱。这是佛教一切修行的基础，是一切佛教法门的目的。不管是密宗、净土宗还是禅宗，都是要我们时时刻刻保持我们的"觉的能力"处于觉悟的状态。

尤其是参禅这一法，是保持"觉的能力"处于觉悟状态的最有力的法门。因为参禅打坐做功夫直接就是要我们处于保持"觉的能力"的觉悟状态，不能有丝毫的昏沉，不能落入丝毫的妄想。让我们纷杂的心，处于安静的状态中，自然能够把尽可能多的问题暴露出来，使得我们有机会一点一点地解决。

所以，我自己常常把禅宗的参禅打坐或者说禅修形容为简单的用功方式。简单用功方式入门难，提高就比较容易，而其他的做功夫方式如礼佛、诵经相对比较复杂，入门虽容易，想提高自己的功夫就难了。用禅宗这个简单的用功方式，最容易保持我们的"觉的能力"处于觉悟状态，是保持觉悟的最佳方式，而这也是最难的一种用功方式。如果能够明白这个道理，那么后面的禅修之路就好走了。我们为什么要参禅？我们一天到晚辛辛苦苦在禅堂里面是为了什么？一天到晚挨逼受拶、腿疼心乱是为了什么？功夫要如何做才能最有效果？这些问题就会容易找到答案。

事实上大家也一定知道答案：禅修的目标是开悟，要练好自己的功夫以便将来行菩萨道，要度众生，最终要成佛。在这里再告诉大家，是为了保持我们的"觉的能力"处于觉悟状态。回过头来我问问，佛是什么呢？大家也一定知道，佛是大觉悟者。我们就是要把我们的"觉的能力"由迷惑转变为觉悟，所以要努力修行，希望最终能与佛一样。

　　我们知道了要做的事情，这就好办了。让我们这个"觉的能力"时时刻刻保持觉悟的状态，就是我们做功夫的目标。我们学佛做功夫，就是想学得像佛陀一样能够时时刻刻觉悟。我们如果能够修行得时时刻刻都觉悟了，那么我们就是一个觉悟了的人，就是已经开悟了的人。

　　可惜的是我们还做不到，能够偶尔记起来一下就不错了，所以我们是"大迷"；而佛是时时刻刻记得，所以，佛是"大觉"。我们在禅堂里面千辛万苦刻苦用功，就是为了能够把自己"觉的能力"的觉悟时刻慢慢地增多，让被迷惑的时刻减少，以至于最终与佛一样。念佛、参话头起疑情、看话头、持咒、数息等等法门，都是训练我们的"觉的能力"，使得"觉的能力"能够时时刻刻处于觉悟的专注、清明、绵密的状态，甚至你自己也可以设计一个适合自己用功的法门来达到这个目的。

　　所以，四祖大师在他的《入道安心要方便法门》中要我们"常觉不停"，"常觉不停"什么呢？他老人家说："觉心在前，觉法无相。"也就是说，保持一颗觉悟的心，具体的方法不拘泥某一种相，只要能保持这颗觉悟的心，用什么方式来修行都是最好的用功方式。所以，才有"百千法门，同归方寸。河沙妙德，总在心源"之说了。

第二章

科学地看待佛教

科学地认识佛教

佛教由于在 20 世纪及之前的一百多年中被误解，被披上了迷信的外衣，使得很多人不了解佛教。另外由于近几百年来的科学发展，中国的古老文化基本被抛弃，佛教作为中国古文化的三分之一，自然也就被列入抛弃的名单。最严重的时候，佛教曾经被列入了只为死人服务的宗教。

所以，20 世纪出现了像太虚大师一样的佛教界杰出人物，提出了"人间佛教"的理念，挽救了佛教。他提出了佛教不能只为死人服务，还要为活人服务，提倡办佛学院，让佛教文化摆脱处于文化落后的尴尬局面。这实际上就是想让世间的人科学地认识佛教。

因为科学技术在近几百年的飞速发展，给这些古老文化带来了很大的压力。比如 20 世纪 70 年代开始的知识爆炸，然后是 80 年代的信息革命，这些因为科学的发展带动的文化膨胀与创新，使得中国的古老文化在这一场天翻地覆的知识革命中，被颠覆得千疮百孔。

在这样的历史机遇与现实面前，人们一方面得到了科学带来的物质享受，另一方面要面对因此而带来的巨大生活压力，不得不再次考虑中国传统文化的作用，希望在保持物质享受的同时，也能享受到古人缓慢的生活脚步，减少生活的压力。所以，传统文化在这样的历史机遇前开始被人们重视。

因为科学革命的这段时间太长，长到了几百年的时间，今天一点也没有停下来的意思。所以，我们现在的人基本上是由科学革命教育出来的，对科学甚至达到了迷信的地步。所以，回过头来想接受古老的中国文化实在是一件很难的事情。

所以，人们对科学认为存在迷惑的古老文化，尤其是占中国古文化三分之一的佛教文化更加迷惑。事实上，这个迷惑不是因为佛教文化的虚伪，而是因为没有人去认真研究与体验。因为佛教是一个重视体验的文化，所谓不立文字的文化。如果只是从文字去理解，那是不得门而入的。

因为佛教的体验无法用文字来解释，而这些体验又不是三五年所能得到的。从历史上看来，花三五十年得到体证的人不多，很多人一辈子也没有得到这些体证。而近代的大德，在得到体证之后，往往忙于世间的周旋，也没有时间能安静下来了解科学。所以，科学与佛教的沟通出现断层，佛教人士对科学产生了迷惑，科学家对佛教也产生了迷惑。

而研究佛教的人往往又被冠之以现代科学中的文科类，他们本身对现代科学已经无力追赶与深刻认识。因为人的生命有限，再加上知识爆炸与信息革命浪潮的推动，同时对佛教又不能深入地体证，所以就只能做表面文章，无法解开这些迷惑。

所以，由他们主导的佛教宣传就是在迷惑中增加迷惑了。以至于很多想学佛的人对于佛教的理解迷迷糊糊、犹犹豫豫。他们对佛教中的善法还比较好理解和接受，而对佛教中的三世因果、六道轮回就很难理解了，尤其是虚无缥缈的神通更是让人不知所措。

如此一来，世间人对佛教总是处于半信半疑的状态。这样对佛教的信仰就会犹犹豫豫，这是普遍存在的问题。自己当年刚开始学佛的时候也是如此，所以有特别强烈的同感。因为不能真实地了解佛教，所以对佛教的人和事产生神秘感，从而对从教人员也产生不同的看法。

我自己就是一个非常典型的科学知识教育出来的人，尽管很喜欢并且也接受佛教中的善法，尤其羡慕从教人员山水间的生活方式，但是无法接受三世因果、六道轮回的理论，对于佛教中的神通更是无法接受。在看一些经典描绘神通的时候，就会看不下去，觉得佛教存在虚伪，从而不能信入。

一次很偶然的机会，让我误打误撞跑到河北柏林禅寺玩儿，先是被居士的高尚行为吓着了，觉得不可思议。然后是被老和尚一句"当下"点破了三世因缘、六道轮回的困惑（这些在"信心的来源"一文有很详细的记载）。当时简直是让自己发了疯，因为自己人生中40年来形成的认识被一下子毁灭了。

所以，决定出家解决自己的生死问题！其中的坎坷与艰难不言而喻。因为一下子要让自己放下科学教育去信仰佛教实在太困难了。因此吃了很多的苦头，还曾经有过多次的退缩。在恩师的帮助下，在自己的努力下，经过近十年的修行，总算慢慢对佛教有了一点点认识。

　　自己先是花了三五年的时间把《大藏经》走马观花地浏览了一遍，用爱因斯坦的目录学习方法把《大藏经》的内容看了一下。因为时间不多，再加上一开始对佛教的名词典故不能理解，所以很多佛经看不懂，只是有了一些初步的印象。

　　最最主要的是很多内容无法理解，只能以后设法再次详细阅读。对于一些比较常见的经典做了详细的阅读，对于非常重要的经典细阅多次。而且自己也感觉每阅读一次，都会有一些新的体会。比如禅宗的七部经（《心经》、《圆觉经》、《金刚经》、《楞严经》、《楞伽经》、《维摩诘经》和《六祖坛经》）、《华严经》和《法华经》等等。

　　正像自己出家前从事电脑软硬件接口部分的工作一样，自己对电脑的软件不会深入了解，成为专家；对电脑的硬件也不会深入了解，成为专家。但是因为自己处于软硬件的接口上，对软硬件的结合非常清楚，所以，很容易就设计出电脑产品，但是设计不出软件和硬件的精品来。

　　现在学佛也是一样，因为自己有一点点的物理功底，也有一点点的佛教知识，再有一点点的修行体验。所以，能够很容易在学习佛教经典的时候，结合到现代物理上面来，很容易就把佛教的知识与现代物理融合起来，揭开一些佛教的神秘面纱。当然，要想做到用物理去量化佛教，自己还没有这个本事。就像当年设计不出电脑产品中的精品一样。

不过这一点点的认识，能够帮助大家去掉一些关于佛教的迷惑，也是非常欣慰的。因为佛教实在是一个非常奇妙的东西，自己在其中得到了很多好处，从人生的好玩来看，自己从来没有感觉过有什么东西比佛教更好玩。因为自己的前半生，基本上是在"玩"中度过的。这些经历完全记载在了"我要修行"的博客里面。

这里就把"我要修行"博客里面有关佛教中与科学非常吻合的部分提取出来、把自己如何从科学角度认识佛教的经历贡献出来、把应该如何科学地去认识佛教解释出来。希望让我们这些科学教育出来的人，能够轻松了解佛教，能够轻松明白佛教是怎么回事。

黔驴技穷讲神通

在夏令营分组讨论的时候，很多人问有关神通的问题。与往常的情况类似，大家对于佛教里面的神通总是非常感兴趣，因为神通有着神秘的面纱，大家总是希望看看这面纱下面到底是什么东西，这也很正常。自己总是为别人解释神通，可以说是磨破了嘴皮。

因为自己认为使用神通一词的人都是走投无路了，所谓黔驴技穷了，没有办法，只好使用神通这一词来解释事物。要是能够解释清楚的话，他们绝对不会使用神通这个字眼来描述。比如牛顿在解释地球自转的时候，没有办法解释，只好说："上帝踢了地球一脚。"

科学如果能够解释清楚这些事物，我们就不会说什么神通了。如果你还有什么解释不清楚，量化不了的话，说明你处理或者说是解释这个事物还存在缺陷。认真努力的人就会努力去量化去研究，愚蠢、懒惰、不负责或黔驴技穷的人就用神通一词敷衍了事。

神通作为佛陀时代，解释难以为人解释事物发展规律而引用的名词，在当时科学还没有露脸的时候，的确产生了很大的作用。即使是现代科学已经发展到今天这个地步，神通这个名词还是不能离开。

在自己的眼里，神通实际上就是自己不了解的自然发展规律。如同现代科学还有很多迷无法解释一样，很多很多的自然发展规律现代科学无法解释。当然近几百年来发展起来的科学，解释了一部分的自然规律，从而也解释了一部分的神通现象。

我们总是认为眼见为实，所以往往忽略眼睛看不到的现象。自己当时和营员聊天的时候说，你看不见电，也从来没有见过你往电源插座里面插手指头；你没看见过无线电电波，可你从来不怀疑手机的实用性；你看不见……所以，你看不见的东西并非完全不存在，应该知道我们的智慧是如此的幼稚。

如果在 300 年前，你说有无线电波存在，那么你将成为具有广大神通的人。所以说，神通只是一个名词，是一个因为我们的智慧不足以解释现象的时候，使用的一个代名词而已。这个名词不但在佛教里面存在，在古代的时候需要，即使在现代也是需要的。因为现代科学还不足以解释一切现象，所以，神通这个词还会被现代人所使用。

现代的科学技术不但让大家乘飞机升天，还让宇宙飞船脱离地球的引力到达其他的星球，甚至脱离太阳的引力去探索太空。比如 20 世纪的"探索号"离开土星后脱离太阳系的引力，飞往银河系中的其他星球。将来我们的科学技术，还会创造出超过第三宇宙速度的飞行器，飞出银河系，到达银河系外的星球。

到了那个时候，我们就能乘着宇宙飞船到达极乐世界。就像《佛说无量寿经》记载的那样："佛告阿难。汝起更整衣服合掌恭敬。礼无量寿佛。十方国土诸佛如来。常共称扬赞叹彼佛无著无阂。于是阿难起整衣服。正身西向。恭敬合掌五体投地。礼无量寿佛。白言世尊。愿见彼佛安乐国土及诸菩萨声闻大众。说是语已。即时无量寿佛。放大光明。普照一切诸佛世界。金刚围山。须弥山王。大小诸山。一切所有皆同一色。譬如劫水弥满世界。其中万物沉没不现。滉漾浩汗唯见大水。彼佛光明亦复如是。声闻菩萨一切光明皆悉隐蔽。唯见佛光明耀显赫。尔时阿难即见无量寿佛。威德巍巍如须弥山王。高出一切诸世界上。相好光明靡不照耀。此会四众一时悉见。彼见此土亦复如是。"依靠佛陀的神通，阿难及大众都看到了极乐世界）。

其他有关神通的记载，现代科学也解释了很多很多。比如《佛说入胎经》记载了很多有关我们是如何受孕、处胎等等的情况。比如我们说得最多的"佛观一钵水，八万四千虫……"的偈子，没有现代的显微镜，我们不知道还要迷惑多长时间，比如……真的是举不尽，道不竭。

现代物理解色空

今年夏令营的时候，发现用现代物理来解释色（物质）空很容易，也很简单，还很容易让这些学生明白。因为"空"在佛教里面解释起来有点抽象，比较不容易让人明白，而"空"却又是佛教的精华，不与人讲清楚就很难进行其他问题的解释，所以自己常常用各种各样的方式来解释。

学过物理的人都知道，我们的世界是由粒子组成的。不管是什么物质，都是由分子组成，一直分下去就是电子与质子，而且电子在围绕质子运转。不管分子的排列有多么紧密，其中的空隙都非常大，也就是说"空"的地方占绝大部分。

有"质量"的质子再分下去，则呈现不可测状态，一时表现为质量，一时表现为能量。所以，"非空的有"表现为不稳定，或者说是幻化的。正好符合佛教里面说的"真空幻有"。这样解释"空与有"对于现代的人来说比较容易接受。

六祖在《坛经》里面说："欲拟化他人，自需有方便，勿令彼有疑，即是自性现。"我想用这个方式来解释"真空幻有"一定还会有很多的难问，但是自然规律与佛法是一致的。所以，自己有信心将这种解释方式进一步完善，让更多的人接受。

日记公开后，得到了很多网友的帮助。有的认为不对，有的大加赞赏，绝大部分是认为这个解释很荒谬。自己也是没底，但是，自己心里面坚信六祖的话，坚持自己的观点，同时一直在找有关这方面的证据。所以一直就在脑子里面回想所读过的经典，可惜的是能记得的不多。

一个多月来的收获，也还让自己满意，记起了《楞严经》里面这方面的文字。比如：

阿难。如汝所言四大和合，发明世间种种变化。阿难。若彼大性，体非和合，则不能与诸大杂和。犹如虚空，不和诸色。若和合者，同于变化。始终相成，生灭相续。生死死生，生生死死，如旋火轮，未有休息。阿难。如水成冰，冰还成水。汝观地性，粗为大地，细为微尘。至邻虚尘，析彼极微色边际相，七分所成。更析邻虚，即实空性。阿难。若此邻虚，析成虚空，当知虚空，出生色相。汝今问言，由和合故，出生世间诸变化相。汝且观此一邻虚尘，用几虚空，和合而有。不应邻虚，合成邻虚。又邻虚尘，析入空者，用几色相，合成虚空。若色合时，合色非空。

若空合时，合空非色。色犹可析，空云何合。汝元不知如来藏中，性色真空，性空真色，清净本然，周遍法界。随众生心，应所知量，循业发现。世间无知，惑为因缘，及自然性皆是识心，分别计度。但有言说，都无实义。

这段对我们这个器世间（佛教把没有生命的物质世界称为器世间）的描述。尤其是对微观世界的描述，是如此的透彻，与现代物理最小微粒的不稳定性是如此的吻合。其中之难以理解的是我们对"空"这个字的理解。我们一讲到空，就认为是什么也没有，这是一个错误的理解。实际上"空"是"不稳定地存在"的意思。

再比如：

由因世界虚妄轮回，动颠倒故，和合气成八万四千飞沉乱想。如是故有卵羯逻蓝，流转国土。鱼鸟龟蛇，其类充塞。由因世界杂染轮回，欲颠倒故，和合滋成八万四千横竖乱想。如是故有胎遏蒲昙，流转国土。人畜龙仙，其类充塞。由因世界执着轮回，趣颠倒故，和合暖成八万四千翻覆乱想。如是故有湿相蔽尸，流转国土。含蠢蠕动，其类充塞。由因世界变易轮回，假颠倒故。和合触成八万四千新故乱想。如是故有化相羯南，流转国土。转蜕飞行，其类充塞。由因世界留碍轮回，障颠倒故，和合著成八万四千精耀乱想。如是故有色相羯南，流转国土。休咎精明，其类充塞。由因世界销散轮回，惑颠倒故。和合暗成八万四千阴隐乱想。如是故有无色羯南，流转国土。空散销沈，其类充塞。由因世界罔象轮回，影颠倒故，和合忆成八万四千潜结乱想。如是故有想相羯南，流转国土。神鬼精灵，其类充塞。由因世界愚钝轮回，痴颠倒故，和合顽成八万四千枯槁乱想。如是故有无想羯南，流转国土。精神化为土木金石，其类充塞。由因世界相待轮回，伪颠倒故，和合染成八万四千因依乱想。如是故有非有色相，成色羯南，流转国土。诸水母等，以虾为目，其类充塞。由因世界相引轮回，性颠倒故，和合咒成八万四千呼召乱想。由是故有非无色相，无色羯南，流转国土。咒诅厌生，其类充塞。由因世界合妄轮回，罔颠倒故，和合异成八万四千回互乱想。如是故有非有想相，成想羯南，流转国土。彼蒲卢等异质相成，其类充塞。由因世界怨害轮回，杀颠倒故，和合怪成八万四千食父母想。如是故有非无想相，无想羯南，流转国土。如土枭等附块为儿，及破镜鸟以毒树果，抱为其子，子成，父母皆遭其食，其类充塞。是名众生十二种类。

这段对情世间（佛教把有生命的物质世界称为情世间）的描述，其中非常详细地描述了我们这个世界中动物的形成。而下面这段佛陀与富楼那的对话，非常全面地把我们这个世界的形成描述出来了，为什么会有山河大地，为什么会有金、木、水、火、土，为什么会有父母子孙、各类众生等等讲得非常详细。

佛言。富楼那。如汝所言，清净本然，云何忽生山河大地。汝常不闻如来宣说，性觉妙明，本觉明妙。富楼那言。唯然，世尊。我常闻佛宣说斯义。佛言。汝称觉明。

为复性明，称名为觉。为觉不明，称为明觉。富楼那言。若此不明名为觉者，则无所明。佛言。若无所明，则无明觉。有所非觉，无所非明。无明又非觉湛明性。性觉必明，妄为明觉。觉非所明。因明立所。所既妄立，生汝妄能。无同异中，炽然成异。异彼所异，因异立同。同异发明，因此复立无同无异。如是扰乱，相待生劳。劳久发尘，自相浑浊。由是引起尘劳烦恼。起为世界。静成虚空。虚空为同。世界为异。彼无同异，真有为法。

觉明空昧，相待成摇，故有风轮执持世界。因空生摇，坚明立碍，彼金宝者明觉立坚，故有金轮保持国土。坚觉宝成，摇明风出，风金相摩，故有火光为变化性。宝明生润，火光上蒸，故有水轮含十方界。火腾水降，交发立坚，湿为巨海，干为洲潭。以是义故，彼大海中火光常起，彼洲潭中江河常注。水势劣火，结为高山。是故山石，击则成焰，融则成水。土势劣水，抽为草木，是故林薮遇烧成土，因绞成水。交妄发生，递相为种。以是因缘，世界相续。

复次富楼那。明妄非他，觉明为咎。所妄既立，明理不逾。以是因缘，听不出声，见不超色。色香味触，六妄成就。由是分开见觉闻知。同业相缠，合离成化。见明色发，明见想成。异见成憎，同想成爱。流爱为种，纳想为胎。交遘发生，吸引同业。故有因缘生羯罗蓝遏蒲昙等。胎卵湿化，随其所应。卵唯想生。胎因情有。湿以合感。化以离应。情想合离更相变易。所有受业，逐其飞沈。以是因缘，众生相续。

富楼那。想爱同结，爱不能离，则诸世间父母子孙，相生不断，是等则以欲贪为本。贪爱同滋，贪不能此，则诸世间卵化湿胎，随力强弱，递相吞食，是等则以杀贪为本。以人食羊，羊死为人，人死为羊，如是乃至十生之类，死死生生，互来相啖，恶业俱生，穷未来际，是等则以盗贪为本。汝负我命，我还汝债，以是因缘，经百千劫，常在生死。汝爱我心，我怜汝色，以是因缘，经百千劫，常在缠缚。唯杀盗淫三为根本。以是因缘，业果相续。

原来佛陀早在两千多年前，不但把我们的世界描述得非常清楚，还把这些物质的转化过程也讲得清清楚楚、明明白白。《楞严经》中讲世界的现象，与现代科学发现的现象是完全一致的，之所以不好理解，是因为古人与现代人的语言有区别，再加上古人与现代定义的名词有差别，甚至于所说的侧重面不同，现代的人就很难理解或者说看不懂。

自己看完《楞严经》之后的感觉，就像孙猴子翻了无数个跟头，留下一个记号，最后如来让他看他在如来手掌上留下的记号。自己又想起四祖的《入道安心要方便法门》中的文字：

诸经观法，备有多种。傅大师（师，一作"士"）所说，独举守一不移。先当修身审观，以身为本。又此身是四大、五阴之所合，终归无常，不得自在。虽未坏灭，毕竟是空。《维摩经》云：是身如浮云，须臾变灭。又常观自身空净如影，可见不可得。智从影中生，毕竟无处所，不动而应物，变化无有穷。空中生六根，六根亦空寂，所对六尘境，了知是梦幻。如眼见物时，眼中无有物。如镜照面像，了了极分明，空中现形影，镜中亦无物。当知人面不来入镜中，镜亦不往入人面。如此委曲，知镜之与面，从本以来不出不入，不去不来，即是如来之义。如此细分判，眼中与镜中，本来常空寂，镜照眼照同，是故将为比。鼻舌诸根等，其义亦复然。知眼本来空，凡所见色者，须知是他色；耳闻声时，知是他声；鼻闻香时，知是他香；舌别味时，知是他味；意对法时，知是他法；身受触时，知是他触。如此观察，知是为观空寂。见色，知是不受；不受色，色即是空。空即无相，无相即无作。此是解脱门。学者得解脱，诸根例如此。复重言说，常念六根空，寂而无闻见。《遗教经》云：是时中夜，寂然无声。常知如来说法，以空寂为本。常念六根空寂，恒如中夜时。昼日所见闻，皆是身外事，身中常空净。

佛陀在两千多年前，就对如今用科学手段所证明的一些现象，有十分的了解，只是没有人问到而已。所以现代科学家应该多看看佛经，那里面有很多可以借鉴的东西。很多佛教已经定义过的名词大可延续使用，没有必要再重新定义，这样既减轻了现代人的工作量，也消除了人们对佛教的误解。我们感觉现代科学与佛陀所说有出入，那完全是因为今人、古人对事物的定义与名词上的区别，是我们智慧不够的表现。

本源自性天真佛

佛教最忌讳的事情就是说心说性，因为这两样东西没有办法说明白，只能自己体会。所谓"冷暖自知"或者"标月指"就是这个原因，只能用手指给你看，无法告诉你心性是怎么回事，只能由你自己去体会。但是，不说的话，更不能帮助别人，所以只好伸出自己的手指，勉强把自己的体会形容一下。

我们的所作所为，无不是由我们的心来指挥。我们的心性是什么样的，就会有什么样的作为。这些作为有虚伪造作的、有习气自然的、有无明盲目的、有无明寂照的几种。通过这几种心性的指导，我们为人处世会有千差万别的表现，演出我们千差万别的人生。

这是因为我们的心有五种内含。第一个是肉团心，这是无自性的物体。第二个是缘虑心，表现虚妄攀缘的心性。第三个是集起心，表现习气的心性。第四个是含藏心，含藏了我们无始以来的无明心性。第五个是真如心，是我们的真正自性。

肉团心大家都容易理解，就是我们身体里面那块会不停跳跃的肉块。它是个物体，是无自性的。它是我们生命的最基础的组件。好比计算机硬件中的 CPU，是五蕴里面的色（物质）蕴。

　　缘虑心是指导我们遇到事物后，根据自己的含藏（以往的知识）进行思考、分别、判断、觉悟等等的虚伪造作。是一个很不稳定的过程，因为每一个人的含藏不同、时间不同、地点不同、心情不同、环境不同等等，对同一个事物的表现会有完全不同的结果。甚至因为个体的情绪作用，对完全相同的事物会有不同的表现。这是我们生死烦恼的根源，要想办法断掉。

　　集起心是我们无始以来所养成的心性表现。我们所说的下意识就是最好的例子。因为我们对于同一事物的处理过于频繁，形成习惯，或者叫串习，甚至到下意识。比如我们眼睛一遇到自己感觉不对劲就会眨眼或者闭上。也就是说这部分的心性处理事情的时候，是不需要去找含藏（知识）进行分别的。这是可以训练出来的心性，正是因为这样，所以一切的修行才能改变人们心性，使它接近真如心，它与真如心的最大区别是没有觉悟。

　　含藏心是我们无始以来全部心性的表现。因为无始以来各种各样的心性很多，全部存在里面，现在因为隔阴之惑①只能想起一部分，而且还是很少的一部分，比如我们三岁以前的事情是想不起来的，很类似个人的"天性"。我

①我们受身过程叫入阴，现在是前阴，死后是中阴，再受身后叫后阴。隔阴就是前、中、后阴的转变。因为转变的痛苦，所以我们的含藏里面的东西就会迷惑、忘记等。使得我们表现出无明，有的人"隔阴之惑"不深就会记得其他阴中的事情，叫宿命通；有的人模模糊糊记得一点点，所以表现出某件事物似乎好像认识，模模糊糊等等。

们遇到事物的时候就会在这个"模糊的数据库"里面查找、比较、分别、判断。因为我们以往的"认识"都是有缺陷的，再加上隔阴之惑，所以在外面表现为无明或者是似是而非、难以确定。被缘虑心所利用就产生妄想烦恼；被真如心所利用就表现为寂照、觉悟。转化的过程就是集起心起作用的过程，或者说利用集起心的作用，使得它含藏有完整的"认识"，从而转变我们对事物的处理态度。所以永嘉大师说："无明实性即佛性。"

真如心是我们的真心，或者叫觉悟心，或者叫佛心，或者叫禅心，也就是永嘉大师所说的"无明实性"。它是对外界事物的真实反映。表现为寂照，寂者岿然不动，照者明明白白，或者说如如不动。因为它能全面地看待事物，所以表现为虚怀若谷，或者说心包太虚。正是因为这样，含藏中的无明因为"认识"的全面，转变成真如。它是能够正确"认识"事物的途径，这是我们修行的目的。

我们的心性沿着外界环境的作用而进行考虑、思想（缘虑），所以表现出虚妄攀缘。所以就会用虚伪、造作来面对环境，日久月深变成习惯（集起）。这些集起的习惯被存入含藏，一遇到外缘马上与含藏里面的"认识"进行比较，进行考虑、思想等等的虚妄攀缘（缘虑）决定自己的行动。我们的心性就是这样在不断地轮回，年久日深慢慢就舍弃了我们的真如心。

所以佛陀在证到真理的时候说："一切众生皆具如来智慧德相，然以妄想执着不能证得。"就是说一切众生的心性是一样的，因为我们人人具足这五心。只是有的人断了虚妄攀缘、习气和虚妄的无明，显现出自己的真性，这样的人就叫佛、圣人等等。而大多数人被无明烦恼所左右，堕落在虚妄、攀缘、习气、无明的轮回里面。

我们从小到大，在不断地表现自己的自性。小的时候无明盲目（含藏指导）多些，大点受到身边人的熏陶会慢慢形成自己的习气（集起指导），再大点为了达到自己的目的，有的时候就会虚伪造作（缘虑指导），明白事理后，通过修行会有一些无明寂照的显现（真如指导）。因为身边熏陶的人或环境有问题，就会造成严重的毛病，产生心理问题。

这些行为通过我们待人接物表现出来。比如小的时候常常表现为盲目，自己的生活环境混乱，不能自理等等。长大后受身边人的熏陶会形成和熏陶者类似的习惯，所谓近朱者赤，近墨者黑，这些表现穿插有虚伪造作，偶尔也会有些真如心的表现。严重心理问题的表现就更多了，从严格的角度来说，如果不是真如心在左右我们，那都是有问题，所以没有开悟的人多多少少都属于有问题的范围（当然我自己也是在里面）。

这么复杂的心性，我们是很难了解的。对个体存在的问题加以纠正，这就要通过修行。所以在寺院修行的时候，指导者根据他的行为进行一些引导，或者念佛，或者参禅，或者修止观等等。这些修行的方式，能够起到熏习的作用。让修行者在寺院的日常生活中受到指导者的熏陶，从而改变自己的一些习惯，消灭自己的一些毛病，充实自己的一些"认识"，使得他更接近地显现自己的真如心性。

当然这个过程又会堕入另外一个缘虑、集起、含藏的轮回，但是我们的修行就是以妄制妄，不管是参话头还是净土宗的念佛法门。这个疑情就是妄想，这句佛号同样是妄想。不过我们是利用这个妄想的佛号和疑情取代了攀缘妄想、习气和无明。让这个佛号和疑情妄想变成习气，念念都是这个佛号和疑情妄想，然后触着磕着真性现前从而开悟，念念变成觉悟的正念。

梦有五种佛教说

作为出家人总免不了被人提问，其中梦的问题占了很大一部分。梦到底是怎么回事？梦见的东西象征什么？为什么会做梦？有关梦的问题五花八门。其实，自己也常常做梦，甚至做梦的时候和醒着没有什么差别，有时候干脆看着自己睡着了。好在学会了心不附物，爱怎么怎么去，只管做自己要做的事情，不会受到梦的干扰。

在《阿毗达磨大毗婆沙论》里面有记载："说五缘见所梦事：一由他引，谓若诸天诸仙神鬼咒术药草亲胜所念及诸圣贤所引故梦。二由曾更，谓先见闻觉知是事；或曾串习种种事业今便梦见。三由当有，谓若将有吉不吉事，法尔梦中先见其相。四由分别，谓若思惟希求疑虑即便梦见。五由诸病，谓若诸大不调适时，便随所增梦见彼类。"

从这里看来做梦的第一个原因是："他引"。就是被别人所想念或者引导而做梦。比如：仰山和尚梦见往弥勒所安第三座，有一尊者白槌云："今日当第三座说法"，山乃起白槌云："摩诃衍法。离四句绝百非。谛听谛听。"再有就是亲人的想念使得自己做梦，梦见他们等等。这种梦常常是令人莫名其妙，因为和自己的生活毫不相干。

第二个原因是："曾更"。就是以前自己经历过的事情，或者这些事情因为自己的习惯延续。比如自己很久以前喜欢的一样东西，已经忘记了。忽然在梦中再见到它，并按自己的喜好而改变它的样子。这和日有所思夜有所梦的区别是做梦的忽然性。

第三个原因是："当有"。就是将来会发生的事情在梦中预先出现。比如梦到某个同学，第二天碰巧就遇见他等等。这也是俗话中的"托梦"的形式。

第四个原因是："分别"。这就是我们最常做的梦，也就是日有所思夜有所梦了。我们常常把白天或者现实生活中不能实现的事情，用做梦的方式来实现。这是我们用心过度，对某个事物过度执着而产生的。

第五个原因是："诸病"。就是我们的身体不适造成做梦。我们常有的梦魇：火车来了自己在过铁轨却走不动、掉到井里面去了、被野兽追赶等等恐怖的事情。这种梦大多是被恐怖的情景吓醒。这主要是身体的不适或者生病而做的梦。

从这里看来我们所做的梦大多数是第四种，日有所思夜有所梦了。我们执着于某件事物，对它过度用心从而做梦，甚至做白日梦。自己被人所问也是大多这一类。学佛的人想见佛，就梦见佛来了，见光见影什么的。

这虽然是好事，但执着于见光见影就麻烦了，忘记自己要按照无为的方式去做，停留在光影上面不知道进步。更有甚者，梦见自己是佛的儿子罗睺罗什么的，然后到处宣扬，甚至执着到精神不正常的程度，这种例子并不少见。

自己也常常有这样的怪事，某某说我们梦见你是我的什么人，或者说昨天梦见你和我说了什么，然后就总是没完没了地纠缠。其实这就是典型的日有所思夜有所梦。这完全是做梦的人过度用心，过度执着而产生的。白天还把这梦拿来说事，这不就是执着加执着了吗?!

其实我们现实生活和梦没有什么两样，都是妄想所成。所以，梦不过是白天妄想的延续而已，只是现实生活的一部分，醒来后都是一场空。所谓"缘起性空"嘛！庞蕴居士说："但愿空诸所有，慎勿实诸所无。"所以希望我们也能够对梦说："吃茶去!"

所以，对于喜欢修禅的自己来说，很明白也很简单，梦——就是自己白天妄想的延伸。白天做梦也罢，晚上做梦也罢，自己已经学会了不去追逐，当然也不会去关心，就连放在心上的位置也是不给的。虽然这很难做到，但是禅修中就是要你做到这样，佛来佛斩，魔来魔斩，梦来梦斩，绝不手软，否则纠缠无有了期。

佛教解释后悔药

我们常常会因为自己的过失而后悔，更多的是总觉得自己事情做得不圆满，常常说这事情要是再重来一次自己会做得更好。这是很正常的，所谓"吃一堑，长一智"，人的智慧就在这样的总结中增长起来。所以，后悔好，也不好，这要有一个度，要因为自己的后悔而增长智慧，不要因为自己的后悔而破罐破摔。

这样的事情几乎每个人都有体会，但有句俗话说：世上没有后悔药可卖。后悔也使我们内心不自在，堵塞在对过去一件事、对过去自己错误的执着里面，我们的心在这一点上梗死住了，拴住了。这样我们就被困在里面，我们要认识它，就要从自己的内心开始，希望把这种后悔变成一种动力。

佛教这样描述人内心的这种能力：人的心识分成八个层面，最深的这个层面叫第八识也就是阿赖耶识。阿赖耶识有三个意思，第一叫能藏，阿赖耶识又叫藏识，它是一个大仓库，它能够把我们身、口、意三业种种的活动收藏起来，叫能藏。

从它的能力，主动性方面叫能藏；第二个叫所藏，它所收集的这些信息，这些内容叫所藏；第三叫执藏，它不仅能收藏，而且对自己所收藏的还有一个执持，不丢失的功能所以叫执藏。我们的后悔往往是由这里来掌握的，不管是好是坏，都是经过这里处理的。

所以说，我们每一个人从一生下来，就连生下来之前也在其内，种种的行动、语言和心念的活动不用别人来关照，我们每个人自己心里都知道。我们内心深处都有这种能力，不管当时我们做了什么、说了什么、想了什么，不管我们是主动地做、主动地说、主动地想，还是被动地做、被动地说、被动地想，种种情状，我们心里面有一个"摄影机"都会摄下来。

摄下来以后，形成影响我们未来身、口、意三业活动的很重要的资料、很重要的因缘。我们自己内心所收集的这些信息，反过来又会薰习我们，这个薰习通俗讲就是影响。一个人内心觉照力很强的时候，做了一件违背自己原则的事情，内心会不安，自己会觉得奇怪，怎么我的心里会不安呢？后来想一想有一件事做错了，这就是我们内心良知的监督作用。

我们的心就是这样在逐渐地转化、变化之中。自己改变自己，自己薰习自己，跟外在活动形成一个不断地互动、不断地互相反馈的关系。所以后悔是指对我们过去的所做、过去的所说、过去的所想，或者是一个错误（这种错误总是首先会伤害别人，再伤害自己），对这些东西放不下、后悔。

什么是加持力

加持力是佛教的特有名词，一般人认为是表示一种帮助你成功做事情的力量。很多人包括自己以前对加持力存在迷惑，所以，追求加持力实际上带有迷信色彩。经过几年的修行，自己对加持力有所认识，对加持力的来龙去脉有所了解，现在把自己的一点浅薄了解分享给大家。

加持力用现代名词来解释应该是，自己为了完成一件事情或者是为了更好地完成一件事情，需要外力帮助，请求外界一切有能力的对象，给予的一种安全或者说是受保护的帮助力量。通过这个力量（加持力）的帮助，使得被加持的人能够超水平地发挥能力，实现自己需要做到的事情。

根据这个道理，我们再分析一下这些加持力的来源，就能对加持力有一个很详细的了解。我们知道任何一种力量，是来自某人，或某一群体，或某些形式的总和。比如佛的加持力来自佛的愿力和佛提倡的法门，以及这个法门被这些人（使用群体）应用的力量总和。这有点不好解释，因为这是看不见的。

我们借用物理上的"势"来说。我们所说的加持力就好像是一种"势"，这个"势"的力量强弱由什么决定呢？

由发起这个"势"的"人"（这里的"人"有可能超越"人"的概念）的力量（原始力量），加上这个"人"提出的方式力量，再加上后来参与到这个"势"中的"人"的力量总和。

这样大家就会对加持力有一个印象了。诸佛菩萨的加持力就是诸佛菩萨发起的愿力，加上诸佛菩萨提出的法门，再加上所有使用这个法门的人的力量总和。这肯定是最大的加持力量了。所以，我们最最喜欢请求诸佛菩萨的加持力，这是大众最为喜欢并认可的一种。

所以，我们都认为求佛、拜佛、念经、念咒等等做佛事就能得到诸佛菩萨的加持力。而且，你在做这些佛事的时候，又把这种力量增强了许多，因为现在这个力量变成再加上你的力量的总和了。这就是我们俗话说的人多势众，反之则是势单力薄。

这个加持力我们还是看不见，现在来举几个我们能够看得见加持力的例子。比如我们常常说这个禅堂的加持力强，那个禅堂的加持力弱等等。这都是每个人自己的感受，要问他所以然，他也说不出来。我们现在根据前面所说的加持力，把禅堂加持力的来龙去脉说一说。

根据前面讲的加持力，来自于创建或者说是提出这个法门人的愿力，加上这个法门的力量，再加上所有参与这个法门的"人"的力量总和来说。我们知道一个禅堂的加持是由创建禅堂的人的力量，加上提出禅修这个方式人的力量（即诸佛菩萨、历代祖师、本地僧团、本地住持人的力量），再加上在堂参与法会的"人"（注意，这里的

"人"不光是指我们看得见的人）的力量总和。

很多"人"我们看不见，我们就从分析能看得见的在场人入手。一般我们能看得见的在堂人员是主七和尚、维那师、监香师、大众师、护七师、在场其他人员。主七和尚算是能看得见的加持力发起人，举行禅七法会的仪式是诸佛菩萨、历代祖师（看不见）、本地僧团、本地住持，其他大众是参与（造"势"）人员。

我们都知道，有一个愿力（或者说力量）很大的主七人员，这个禅堂的加持力就会更大些。他们是按照什么禅七规矩来管理这个禅堂，就决定了这个禅七的加持力大小。当然，规矩越严格，管理越精密，保护措施越完整，这样的禅七法会将会越圆满。同样因为这样而开悟的人则越多，反之就相反。

其他参与（造"势"）人员的力量，要看这些参与（造"势"）人员的人数和他们的素质。比如维那师管理严格有力、监香师认真负责、大众师素质很高、其他人员很多，而且个个听招呼、守范围做得很好，那么这个禅堂的加持力一定非常强大，因为这个禅堂具备了一切加持力增加的因素。

在这样的禅堂里面打坐，你即使功夫很差，坐不住、腿子疼，但是因为你周边的人个个都很安静，你就不好意思动，这就是加持力的表现。你如果是一个非常调皮捣蛋的人，那么有一个严格、有力的管理员——维那师，再加上认真负责的监香师时时在"照顾"你，你也只好乖乖就范。这都是我们能够看得见的加持力。

再如果你是一个非常顽固的捣乱分子，自认为功夫很高，那么这个时候有一个功夫和德行都很高的老和尚在主七，那么你的这些本事也不管用了，也只好乖乖在堂里面用功。因为你在这个人多"势"众的地方，你的"牛"多多少少还会照顾到你自己的面子，不敢太放肆。

另外一个方面来看，一个禅堂如果按照祖师们留下来的大规矩小法则去管理，并且严格执行，那么你也只能像蛇钻进竹筒一样，不能弯（胡作非为）了。这就是我们能够看得见的加持力。反之，如果一个禅堂没有一个好主七和尚，没有好维那师、监香师以及大众，那么这个禅堂的加持力给人的感觉就会小很多。

有人认为加持力只来自于比自己能力强的"人"，其实这是错误的。加持力来自一切参与这件事情的"人"。在场的人也有很多能力比你差的，你同样可以从他们那里得到加持。这就是佛陀常常提出利用众僧的力量来做某某事情的原因，比如说"盂兰盆供"。

所以，加持力不光是来自比你自己力量强的"人"。这次水陆法会就出现过这样的情况。因为参加法会的斋主很多，有二十几个，这样念文疏的时候需要很长时间，斋主就要跪很长时间，很多斋主叫苦不迭，大家都希望只有自己一个斋主，这样可以少受很多的苦。

其实，这大错特错。斋主越多，这些斋主得到的功德越多。自己就告诉斋主，你所做的这些努力非常值得。因为这样一来，你不但为自己求福增慧、荐亡拔苦有更大的加持力，更有效果，还在这样的加持力下，结了很多的善缘，所以，一定要努力去认真完成每一件佛事。

道理很简单，这就是来自诸佛菩萨、历代祖师、诸祖老和尚、主法和尚、维那师、大众师，以及在场所有"人"员的加持力，当然也包括了与你在一起的其他斋主的加持力。当然还有设计法会仪轨者的加持力。他们利用这些方式，加持你得到更多的好处，使得你事半功倍，成就你更好的结果。

当然，加持力也要看情况使用，因为如果这个人的业障太大，受不了这么大的加持力，那么他就会有种种坏表现。比如逃跑、比如借口离开、比如生病倒下不参与、比如……种种情况非常多。身体实在受不了倒下还情有可谅，要是找借口离开或者逃跑那就可怜了。

这种情况在我们身边见到很多，尤其是在打禅七的时候，很多人利用种种借口不参加。这就是业障太大受不了这么大加持力的表现。在我自己也常常有这样的时候，比如找种种的借口不随众。尽管绝大部分时候有原因，但是也不能否认有找借口逃避的时候。

所以，大家也不要太贪图加持力这个东西，应该根据自己的情况，选择不同的加持力。选择的标准，我的经验是，选择比自己的能力稍微大一点点的加持力。这样，既不会因为太过严厉受不了而病倒，或者因为这次搞怕了，以后因为害怕而逃避这样大的加持力。

我们一直提倡的网络禅堂，对于加持力的选择就很灵活。因为网络禅堂的加持力你可以选择，需要大点就可以选择大点，比如你可以把自己打坐的情况公开，这样就可以得到来自所有看你情况的人的加持。自己目前受不了这么大的加持，你就可以选择小些（一切保密起来，不让看）的加持。

自己出家后的这几年中，就是在各种各样的加持力中度过的。所以，对这些加持力有深刻的体会与感受。曾经有过太强烈的加持力而退失信心的时候，也曾经有过得到正好的加持力而突飞猛进的时候。这里所写的能够见到的这些加持力，就是我自己身边发生过的事件。

其实，在社会上也是有加持力的，比如法律、良心、道德、社会监督等等。但是，因为社会上的人只讲究生活舒适、物质财富丰富，所以，他们对加持力就会淡漠一些。对于在生活中处于精进努力的人来说，他们也是很需要加持力的，他们也会为自己找到适当的加持力而努力。

所以，他们也会把寻找加持力的事情提到议事日程，比如学生希望找到好老师，所谓好老师也就是认真负责、管理严格的老师，所谓的严师出高徒。企业希望找到好的人才和好的管理方式，希望通过他们的加持，企业有更好的发展，所谓的企业文化。

只是佛教把这些法律、良心、道德、监督等从深度和广度都进行了扩展。佛教对于生活的舒适和物质财富的丰富比较淡漠，讲究精进努力更多一些。这样就把我们平时在社会上感受不到的加持力凸显了出来，使得我们学佛、修行可以更快地成就。

讲到这里，大家一定对加持力有了一个认识。知道了社会是如何加持我们的、知道了诸佛菩萨是如何加持我们的、知道祖师老和尚们是如何加持我们的、知道师父是如何加持我们的、知道一般人是如何加持我们的、知道一切众生是如何加持我们的、知道僧团是如何加持我们的、知道法会是如何加持我们的、知道用功法门是如何加持我们的、知道……

虽然很多加持力看不到、摸不着，但是，我们同样在享受着一切众生对我们的加持。如果能够这样理解加持力，我们就不会迷信于某一个人的加持。个人的加持尽管也有很大力量，但是相对于诸佛菩萨以及大众的加持力来说就很有限了；更不会被利用加持力来骗人的人所迷惑。这样学佛就会更有信心，就会进步更快，就会……

方便法门说佛教

佛教就是佛教我们如何去面对我们这个苦难的人生，佛所说的法叫佛法，所以佛法就是一种教育方法。因为每一个人的问题不同，我们的问题太多，甚至一个人会有完全相反的问题。佛陀也没有办法一概而论，所以佛也没有办法教我们解决具体问题。

所以佛教只能教我们基础的东西，只能教我们解决问题的方法。实际上，佛陀的八万四千法门对治我们的八万四千种病已经是堕落入下等了，因为这样只能解决八万四

智慧的苏醒

千种问题，第八万四千零一个问题怎么办？这也是佛陀不愿意承认自己有所说的原因。

所以，佛陀教化我们要有方便。在《大般若经》里面就说，没有方便不名菩萨。因为只有菩萨们掌握了方便法门，才能灵活运用佛陀教给菩萨们的基础方法去解决问题，才能解决第八万四千零一个问题。而解决问题的手段，显然不是佛陀说出来的，是菩萨们应用佛陀所教的基础方法后，产生出来的。

所以，佛陀不承认自己有所说。有所说就有个高度的标志，后面的人迟早是会超越这个高度标志的。只有无所说，或者只说基础的方式，这样就不存在高度标志。因为没有高度标志，所以后面的人就无法超越，这才是最高的境界，所谓无上。

这好比我们数学坐标中的极限标志。如果在坐标上有一个很高很高的高度点，那么必然后面就有一个很高很高加一或者更多的点存在，超过这个很高很高的高度点。只有无穷大"∞"这个数学符号所标志的高度，才是无法超越的高度。而这个符号在坐标中实际上是找不到点的。

在后来的祖师中也常常见到这样的情况。比如四祖大师唯一给我们留下资料《入道安心要方便法门》就很干脆，题目就叫方便法门。虽然说了很多具体的方式，但是他不承认自己有所说。在给我们讲解的时候，一见面的时候，就告诉我们他没有说什么，只是告诉我们一些方便的方法，让我们自己去发挥，去做。

六祖大师在他的《坛经》里面的记载算是最典型的了，

他在《坛经》里面说："欲拟化他人，自需有方便。勿令彼有疑，即是自性现。"他的话里面没有一点点的高度，但是他把无法超越的最高高度告诉我们了，要我们在他教导的方式下，自己去方便发挥。

在后来的临济祖师手上就剩下大喝一声、到了德山祖师手上就是当面一棒……这些祖师们真正体现了"摩羯掩室"、"净名杜口"的精神。他们真正地把佛佛祖祖流传下来的方便法门发扬光大，使得佛教这一无上的方便法门，灯灯相续、授授不绝。

智慧前身是知识

我们知道有一本书，名字叫《转识成智》，这本书基本上是讲知识是如何转变为智慧的。因为智慧是一个无相的东西，没有办法描述。同时，智慧每一个人平等拥有，在圣不多，在凡不少，只是因为我们的迷惑而不能展现出来。并且，智慧的一个来源或者说是表现就是丰富的知识。

不管是什么教育方式，都是通过知识的传授，点亮学人的智慧之灯。因为智慧每一个人都有，是个无相（无法说明）的东西，需要一个载体才能把自己的智慧显现出来。如何把你自己的智慧显现出来，是教育的目的，也是你学习知识的目的。

为什么这样说呢？因为我们的目标是要处理问题，所谓问题就是引起我们烦恼的原因。用知识处理问题，那还不如计算机（二十多年前自己就说计算机是用最笨的办法，用最快的速度做事情，实际上是个笨蛋），是个死家伙。只有智慧，才能让我们的烦恼一扫而光，才能解决所有的问题。

这就是计算机永远无法取代人的原因，因为智慧是学不到的，而我们众生却不用学就具备的，只是我们现在还不能完全显现出来。这就是佛陀证到的道理："奇哉！奇哉！此诸众生云何具有如来智慧，愚痴迷惑不知不见？我当教以圣道，令其永离妄想执着，自于身中得见如来广大智慧，与佛无异。"（《华严经》卷五十一　如来出现品第三十七之二）所以我们需要正确的知识，来显现我们的如来智慧德相。

佛法就是一种教育，是佛陀把自己的经验教导给我们。也就是说，佛陀把自己的知识传授给我们，希望我们通过这些知识，能够打开自己的智慧宝藏。可惜的是，我们福报不好，不能亲面佛陀，只能通过前人或者是前人记载的佛陀言谈，来传授这些知识。

我们要掌握的知识太多，而且很多知识是相违背的，所以，我们要活到老、学到老。就是要学会这些正确的知识，然后运用这些正确的知识来显现自己的智慧，去处理问题、去解决问题。所以，很多在校的学生毕业以后，总认为自己在学校的所学，一点也用不上，这就是典型的不了解自己。

因为他们往往忽略了一个现象，没有发觉自己处理问题的能力，比没有上过学的人来得要强很多。这就是因为他们掌握的正确知识比你少，显现的智慧比你少而处理问题的能力比你弱的原因。所以大家的智慧是平等的，随着你掌握正确的知识不同而显现出每一个人的智慧不同。所以说，知识是智慧的前身。

精进精进再精进

前几天写了一篇日记"智慧前身是知识"，有一位网友提出了不同的见解。他认为智慧才是知识的前身，并且做了一些说明。自己在上网不方便的情况下，还是去认真地看了他博客里面的文章，发现他是一个对佛教与科学有过非常深入研究的人。

他的留言是这样的：本人的理解应该是"知识的前身是智慧"，知识是智慧颠倒错误的存在状态，所以佛才说转识成智。学习佛法也不是为了增长知识，而是控制和降伏在各种知见（也就是知识）中不停游走奔逸的攀缘心。《楞伽经》中关于智和识有详细的说明：一切基于色、声、味、触等表象所建立的认知都是识，而基于体性的、无相的、离于言说和妄心所缘的觉知才是智。佛说"所谓离想就是离于一切思维和攀缘，包括佛法本身，佛法如同渡河

智
慧
的
醒
苏

的筏子，一旦过河，便也无用处。有知识而没有智慧的人如同说药的人，真药现前却不能认识"。老子也说："前识者，道之华，而愚之始。"可见，知识和智慧是一体二相，在本质恒常的状态名为智慧，在颠倒妄想的生死状态名为知识，知识多了并不是好事，还可能形成所知障。不知师父是否同意？

自己是非常同意他的观点的。那么是不是就否认了自己的"知识是智慧的前身"这个观点呢？答案是否定的！那么到底知识在前还是智慧在前？这好像是个矛盾，而这个矛盾在自己看来是不存在的。因为，自己的观点中不存在二元对立，所以，矛盾在自己的认知中是不存在的。

非要拿世间的方式来解释的话，自己只好说这是一个轮回的环。知识和智慧是在这个轮回的环中互相促进。智慧是人人本具的，只是我们还没有觉悟的人还要靠知识来显现，在这个位置来看就变成了智慧的前身是知识。转过来看，一个觉悟了的人，他的智慧现前的时候，他所展示的知识是由他的智慧而来的，那么就变成了知识的前身是智慧。

不管如何，在这个轮回或者说转变过程中都是需要精进努力的。觉悟了的人要精进努力于行菩萨道，所谓普贤行愿。同样，没有觉悟的人，要想把自己的智慧显现出来是离不开精进的，只有精进的人才有转变的机会或者说可能。因为对于没有觉悟的人来说，只有不断地积累知识，在具有一定知识的基础上，才能实现觉悟的突破。

因为，如果我们没有知识，连佛教的经典也看不懂的话，就谈不上参禅悟道。我们只有在了解了参禅悟道的方式后，才会明白应该停止思维，不要被六根所左右，用前人给我们提供的方式去明白、去开悟、去激发我们本自具足的智慧显现。

这一切的过程离不开精进。这也与佛陀教导我们的修道方式吻合。佛陀在各种经典里面一再强调要我们精进，比如在《大方广宝箧经》中说："菩萨所有善方便业，皆由精进而得成办。"……而在《离睡经》中更是教导我们要精进得连睡眠都要减少再减少。

所以，佛陀在他的三十七道品里面就一再地强调精进，在三十七种修道的方式中，精进被强调了五次之多。所以，在我们修行过程中，不管用什么方式来修行，精进是最重要的，只有精进精进再精进的人，才有机会把我们本自具足的智慧展现出来。

◎附录

这是这位网友的一篇非常有意思的文章，在这篇文章中我们可以对他有所了解。

《物质的实在性存在于观察中——量子力学的哲学意义》

不存在一个与我们的精神世界并行的客观独立的物质世界，我们所描述的物质世界是依赖于我们的精神世界而存在的，量子之间显现的超距同谋是个体生命意识活动的综合反映。世界的实在性扎根于个体生命的感受和理解中。

传统物理学把原子、电子等看成是实在的粒子，它们有固定的体积，占有一定大小的空间，有自己的性质和规律。无论人们是否观察它们，由微观粒子构成的物质世界总是一如既往地存在，并按自身的规律周而复始地运转。理论上，如果我们彻底掌握了物质世界的定律，并且完全知道宇宙在某一时刻的状态，便能依此预言宇宙中将要发生的每件事。这种科学宿命论的观点在研究物体热辐射时受到了挑战。

按照传统的定律，一个热物体必须在所有的频率等同地发出电磁波（诸如无线电波、可见光或 X 射线）。而这意味着辐射的总能量也必须是无限的。这荒谬的结论显然与事实不符，我们知道，当加热铁块时，开始看不出它发光。随着温度不断升高，铁块变得暗红、赤红而最后成为黄白色。其他物体加热时发出的光的颜色也有类似的随温度而改变的现象。这似乎说明在不同温度下物体发出不同频率的电磁波。实际上，实验证明，在任何温度下，物体都向外发射各种频率的电磁波。只是在不同温度下，发出的电磁波的能量按频率有不同的分布，所以才表现为不同的颜色。

为了解释热物体辐射的能量在不同频率上分布的这种特征，1900 年，科学家普朗克提出，只有假设物体以离散包或离散方式发射电磁辐射，才能对这些特征方式做出说明。这离散的包就是最后被称为量子的波包，每个量子具有确定的能量，波的频率越高，其能量越大。这样，在足够高的频率下，辐射单个量子所需要的能量比所得到的还要多。因此在高频下辐射被减少了，物体辐射能量的速率也变成有限了。

1905年，量子假说受到了爱因斯坦的支持，它成功地说明了光电效应。在这种效应中，光束能从金属表面置换出电子。为了解释这个过程，爱因斯坦被迫将光束看成是后来称为光子的离散的粒子流。光的这种描述似乎跟传统的观点相冲突，按照传统的观点，光（与所有的电磁波一样）由连续的电磁波组成，它们依据著名的麦克斯韦电磁理论传播。光的波动性早在1801年就被托马斯·杨用著名的"双逢"实验予以证实。

然而，波粒二象性并不局限于光。当时，物理学家们也关注原子的结构。尤其是，他们为电子围绕一个核却又不发生辐射所困惑。因为从麦克斯韦电磁理论知道，沿弯曲路径运动的粒子一定会辐射电磁能，如果辐射是连续的，那么原子的轨道电子就会迅速损失能量而螺旋式地落进核内。

1913年，玻尔提出：原子的电子也是量子化的，即量子化的电子可以处于某些固定的能级上而不损失能量。当电子在能量级之间跳跃时，电磁能以分离的量被释放或吸收。事实上，这些能量包就是光子。不久，人们就明白了：不仅电子，而且所有的亚原子粒子都具有类似的似波性，显然，由牛顿所表述的传统力学定律，以及麦克斯韦电磁定律，在原子和亚原子的微观世界中完全失效了，为了说明这种波粒二象性，到20世纪中期，一个新的力学体系——量子力学——由薛定谔和海森堡独立地发展起来了。

新理论成效壮观，它很快地帮助科学家们说明了原子结构、放射性、化学键以及原子光谱的细节（包括种种电磁效应）。这个理论经过一些人的精细加工，最终导致对于核结构与核反应、固体的电性质与热学性质、超导性、某些坍缩恒星的稳定性，以及更多的未列举事例，做出了令人满意的说明。量子力学也促成了包括电子显微镜、激光器和晶体管在内的实际硬件尽可能大的发展。极端灵敏的原子实验已经以令人惊讶的精确度证实了存在着微妙的量子效应。50 年来，未发现任何实验否定量子力学的预言。然而，这个以科学上史无前例的精细程度正确地描述着世界的理论，却是建立在一种深刻的与不稳定的佯谬之上。

像光子这样的物体，既可以显示出似波性又可以展示出粒子性，使光子产生衍射和干涉图像，如同水波一样，这是光的似波性。但是，在光电效应中，光子却又如同粒子一样把电子从金属中敲出来，在这个效应中，光的粒子模型似乎更合适些。

波动性和粒子性的共存，很快就导致了关于自然界的一些令人吃惊的结论。在双缝实验中，当把光源的强度衰减到非常小，以至于在某一时刻仅一个光子向实验装置运动。自然地，每一个光子都到达屏幕上一个确定的电点，它可以作为一个微粒被记录下来。别的光子到达别的地方，留下各自的痕迹。乍看起来，此效应似乎是随机的，但随着斑点的增多，一个有条理的由斑点组成的干涉图案就会逐渐形成。因此,每一个光子单独看起来似乎是自由的,它可以随机到达屏幕上的任意点,但当大量的光子分别先后穿过此系统时,从整体上看,所有的光子总是以几率的方式合作建立起干涉图案。好像是每个光子都知道在它之前的全部光子所经过的路径或已经形成的图案。

现在,如果两孔之一被挡住,那么光子的行为就会戏剧性地改变,实际上干涉图案消失了。这个干涉图案是不可能从两个只有单缝存在的装置所记录的图像的叠加中得到的。仅当两孔同时开着时,才有干涉。因此,情况似乎是每个光子以某种方式,独个地计及到开着双孔还是单孔……但是,如果它们是不可分割的粒子,它们怎能做到这一点呢?从粒子来看,每个粒子仅能从一个缝穿过,它却"知道"另一个缝的开启情况,究竟是怎么"知道"的呢?

之后的一系列实验都表明:在光子、电子和其他粒子的微观世界中,存在一种不确定性要素。1927年海森堡以其著名的不确定性原理量化了这种不确定性。这一原理的一种表述与试图同时测量一个量子物体的位置和运动有关。为了预言一个粒子未来的位置和速度,人们必须测量它现在的位置和速度。我们的视觉系统是通过光的反射来观察物体的,显而易见的办法是将光照射到这个粒子上,一部分光波被粒子散射开来,由此指定它的位置。然而,人们不可能将粒子的位置确定到比光的两个波峰之间的距离,即波长更小的程度,所以必须用短波长的光来测量粒子的位置。现在,由普朗克的量子假设,人们不能用任意少的光的量，至少要用一个光量子。这量子会扰动这个被测量的粒子，并且以一种不能预见的方式改变粒子的速度。而且，位置测量得越准确，所需的波长就越短，用于测量的量子的能量就越大，这样被测量的粒子的速度就被扰动得越厉害。换言之，你对粒子的位置测量得越准确，你对速度的测量就越不准确，反之亦然。海森堡指出：粒子位置的不确定性乘上粒子质量再乘以速度的不确定性不能小于一个确定量——普朗克常数。并且，这个极限既不依赖于测量粒子位置和速度的方法，也不依赖于粒子的种类。

宏观物理世界的确定性是由微观世界的不确定性以概率的形式支持的。似乎有一种不被意识所知的整体的能力将微观量子连接为一个整体的存在，这隐藏的能力使量子向我们显现某些幽灵式的同谋和协作。只是在量子的位置和动量的关联上，向我们显现一些可把握的规律。在阿斯派克特实验中，量子的这种同谋超越了光速的限制，也可以说是超越了时空的限制。或许，量子在本质上有不为人知的更整体的存在状态，而向我们显现的只是这整体存在浮出水面的一些小岛。

所有这一切意味着什么呢？按照波尔的观点：询问一个电子"实际"是什么的问题，是没有意义的。或者至少当您提出这个问题时，物理学家不可能给予回答。他宣称：物理学不告诉我们世界是什么，而是告诉我们关于世界我们能够谈论什么。这意味着关于世界的本质我们不能在当前的物理学中找到答案。

根据玻尔的思想：关于宏观和微观、整体和部分之间关系的传统观念，被根本地改变了。他宣称：在你弄懂一个电子正在干什么之前，你必须指明全部实验条件。比方说你要测量什么？你的仪器是怎样组装的？所以，微观世界的量子实在无法摆脱地跟宏观世界的组织缠绕在一起。换句话说，离开了同整体的关系，部分是没有意义的。

不确定性和模糊性是量子所固有的，而不仅是我们对于它不完全感知的结果。这一点是与传统观念相违背的，我们知道许多不可预言的系统：如气候变化、股票市场等。但根据传统的观点，这些事物的不可预知性是因为我们不具有足够的信息以计算出它们的行为。

即使在量子理论诞生100年以后的今天，大多数人对我们周围世界的理解仍然停留在传统物理学的层次上，就像量子力学问世以前大多数科学家所认为的那样：我们周围的世界是独立存在的。就是说，它是由物体（如桌子、椅子、行星、原子）组成的。这些物体就在那里存在着，不管我们观察它们与否。按照这种哲学，宇宙是这些独立存在的物体的集合，它们合在一起就构成了事物的整体。原则上，只要我们把观察事物的过程中对事物的扰动缩减到足够小的程度，那么在我们对事物的观察之前和之后，物体实际应该具有同一的或连续的动力学属性如位置、动量和能量。于是原子和电子只不过是一些"小东西"，它们与"大东西"的差别仅在于尺度的不同，在别的方面，其实在性的地位没有本质上的不同。

这个关于世界的图像比较符合我们通常对自然常识的理解，所以容易被人接受。爱因斯坦称它为"客观实在"，

智
慧
的
苏
醒

也就是说：外部事物的实在性地位并不依赖于一个有意识的个体的观察。然而恰恰是这个看似无可厚非的常识观念，玻尔运用量子的哥本哈根解释的哲学向它提出了挑战。

玻尔认为：在对某个量子物体实行依此测量之前，就把一组完全的属性委归于它，那是没有意义的。比如，我们要选择测量某个量子物体的位置或是动量，则不可能在测量之前该粒子就具有这些量的特定值。如果我们决定测量位置，其结局是粒子在某处。反之，如果我们测量动量，就可以得到一个运动着的粒子。在第一种情况中，测量完成之后，粒子就不具有可知的动量属性；在后一种情况中，粒子则无定域。

从量子波的存在状态即不确定状态中，可以测得无数的位置和动量的属性。只是测量的结果都不会超出普朗克常数的限定。因此，我们可以把量子波的状态理解为无数可确定状态的叠加。我们知道，用于测量的设备本质上也是由量子组成的量子系统，因此，在我们的测量过程中，被测量的量子波会与测量设备的量子系统进行耦合，然后缩编成具体实在的状态。一个量子波会缩编到何种具体实在的状态，则取决于测量它的测量系统。

因此，只有在做了一次特定的测量或观察之后，我们才能有意义地谈论单个量子的物理属性。但从量子的层面，我们很难给测量系统划清一个明确的界限。因为宏观上的每一个测量设备，在量子的层面上都与其周围的物体不可分割地纠缠在一起。实际上，我们完全可以把被测量的量子物体与测量它的设备看成是一个量子系统。如此一来，观察在量子物理中所起的关键作用就会显现出来。从某种意义上说，正是我们的观察才导致量子的波态骤然塌缩和改变。这听起来就像是"精神支配物质"的思想。似乎是当实验人员观察到测量的结果时，改变了的心理状态以某种方式反馈给实验设备，从而反馈给量子系统，使其改变它的态。简言之，物理态作用改变心理状态，而心理状态又反作用于物理态。

如果我们只是测量一组简单的动力学属性，就可以把一个单一的设备当作测量系统；但如果要准确解释某个量子的行为在天气变化中的具体作用，就必须先建立关于天气的宏观解释。因此，虽然通过局部的行为可以预测宏观的变化，但局部必须通过整体来获得解释和意义。而整体的意义则只能以生命个体的感性为基础，由生命个体的意识来建立和把握。更进一步地推论，我们可以得出下面的结论：我们不可能通过微观粒子来理解世界的存在。对于宏观世界，我们只能通过向内探索感受意识的本质，才能获得根本上的理解。

整体和宏观的意义是我们意识分别和认知的结果。如果离开意识的分别，世界上也就没有同异、部分和整体的差别。因此，所谓宏观世界就是我们意识的分别和感受所形成的世界，部分依据宏观世界才能获得解释的意思就是说：像电子、光子这样的微观量子只能在我们的意识中得到解释，量子世界所隐含的整体性规律与我们的精神认知相对应。换句话说：不存在一个与我们的精神世界并行的客观独立的物质世界，我们所描述的物质世界是依赖于我们的精神世界而存在的，量子之间显现的超距同谋是个体生命意识活动的综合反映。世界的实在性扎根于个体生命的感受和理解中。

我们在这里并不想对量子力学的哲学解释做过多的纠缠，毕竟科学界在量子力学的解释上还存在很多分歧。但鉴于量子力学所取得的重大成就，我们完全有理由把它当作一种客观现象。在对这些现象的观察中和思索中，我们会得到一些新的启示：比如物质世界的不确定性和非实在性、世界的整体性和不可分割性，以及意识的能动性。这些启示在我们重新建立世界观、人生观以及对真理的认识和信仰的过程中，会起到重大的作用。

开发自己的"灵光"

接待了很多的学生，发现一个很普遍的情况。年轻人就是想早点独立、早点工作、早点赚钱。所以，常常抱怨在学校学不到东西，想不学了，或者换个学校。这是典型的向外追寻的例子，没有把心安在当下，没有认识到自己就是在这样不知不觉中学到了很多。

在《宗门武库》里面记载这么一则公案。

五祖和尚一日云。我这里禅似个什么。如人家会作贼。

有一儿子一日云。我爷老。后我却如何养家。须学个事业始得。遂白其爷。爷云。好得。一夜引至巨室。穿窬（读音 yú，门边小洞）入宅。开柜乃教儿子入其中取衣帛。儿才入柜。爷便闭却复锁了。故于听上扣打令其家惊觉。乃先寻穿窬而去。其家人即时起来。点火烛之知有贼。但已去了其贼儿在柜中私自语曰。我爷何故如此。正闷闷中。却得一计作鼠咬声。其家遣使婢点灯开柜。柜才开。贼儿耸身吹灭灯推倒婢走出。其家人赶至中路。贼儿忽见一井。乃推巨石投井中。其人却于井中觅。贼儿直走归家问爷。爷云。尔休说。尔怎生得出。儿具说上件意。爷云。尔么尽做得。

从这则公案里面，我们可以看出来，大成就者是怎么学出来的。尽管每天学的都是很平常、很基础的东西，但是，正是这些最平常最基础的东西组成了奇特，组成了不可思议。只要你用心，在你将来自己一个人独立承担任务的时候，你所学的基本技巧，就会放光动地。

这让自己想起小时候玩的积木，这就是多年的教育学家设计出来的玩具，让我们从小就知道建筑的原理。再回头想一下自己的学习过程，尽管拿到了大学的优秀毕业设计奖，但是在后来的工作中发现这个设计是多么可笑，就像开着汽车，想起儿时的玩具汽车一样。

因为老师不可能知道你将来需要什么知识、需要什么手段，即使再高明的老师，教给你当时最好的解决问题的方式，到了你使用的时候，也必定过时，何况他还不能教

智慧的苏醒

你一辈子呢。所以，他教给你的，只能是这些最最基础的知识。所谓"师父领进门，修行在个人"。这也是平常所说"授人以鱼，不如授人以渔"。

所以，不要小看学校中所学的东西不实用。学校教我们的都是最基础的东西，只有打好了这些基础，你才能结合自己的"灵光"去设计、去开发、去落实自己的想象力。所以，要把心安下来，把这些基础打好。尽管这些基础看起来像个玩具，但是你的智慧就是在玩这些玩具中得以开发，你的思路就在玩这些玩具中得以成长。

因为"灵光"每一个人都具足，这就是我们的佛性。因为我们不知道如何使用这些佛性或者说"灵光"。所以我们要学习，学习开发我们佛性或者说是"灵光"的使用方法，只要具有使用这些佛性或者"灵光"的基础，一切的放光动地都是轻而易举的。

第三章

佛教经典中的科学观

《华严经》说时间差

我们知道一日一夜在地球上的定义是地球自转一周，地球绕太阳转一周，我们定义为一年或者说是一岁。在《阿含经》中有非常详细的描述，我们人间的四百岁是兜率陀天的一日一夜；八百和一千六百岁分别是化乐天和他化自在天的一日一夜。下面是摘录自《阿含经》有关这几个"天"的部分。

《阿含经》八六一

如是我闻，一时佛住舍卫国祇树给孤独园。尔时。世尊告诸比丘。人间四百岁是兜率陀天上一日一夜。如是三十日一月。十二月一岁。兜率陀天寿四千岁。愚痴无闻凡夫于彼命终。生地狱．畜生．饿鬼中。多闻圣弟子于彼命终。不生地狱．畜生．饿鬼中．佛说此经已。诸比丘闻佛所说。欢喜奉行。

《阿含经》八六二

如是我闻，一时佛住舍卫国祇树给孤独园。尔时。世尊告诸比丘。人间八百岁是化乐天上一日一夜。如是三十日一月。十二月一岁。化乐天寿八千岁。愚痴无闻凡夫于彼命终。生地狱．畜生．饿鬼中。多闻圣弟子于彼命终。不生地狱．畜生．饿鬼中．佛说此经已。诸比丘闻佛所说。欢喜奉行。

《阿含经》八六三

如是我闻，一时佛住舍卫国祇树给孤独园。尔时。世尊告诸比丘。人间千六百岁是他化自在天一日一夜。如是三十日一月。十二月一岁。他化自在天寿一万六千岁。愚痴无闻凡夫于彼命终。生地狱．畜生．饿鬼中。多闻圣弟子于彼命终。不生地狱．畜生．饿鬼中．佛说此经已。诸比丘闻佛所说。欢喜奉行。

同时，佛经里很详细地描述了我们人间的上层是四天王天、再上一层是忉利天、再上一层是夜摩天、再上一层是兜率陀天、再上一层是化乐天、再上一层是他化自在天……根据上面《阿含经》的描述，我们知道这些"天"随着离我们人间或者说地球越远，我们地球需要转越多的周才能绕它们一周。

那么我们看看《华严经》在寿量品第三十一中有如下的描述：

尔时，心王菩萨摩诃萨于众会中告诸菩萨言："佛子！此娑婆世界释迦牟尼佛刹一劫，于极乐世界阿弥陀佛刹为

智慧的醒苏

114

一日一夜；极乐世界一劫，于袈裟幢世界金刚坚佛刹为一
日一夜；袈裟幢世界一劫，于不退转音声轮世界善胜光明
莲华开敷佛刹为一日一夜；不退转音声轮世界一劫，于离
垢世界法幢佛刹为一日一夜；离垢世界一劫，于善灯世界
师子佛刹为一日一夜；善灯世界一劫，于妙光明世界光明
藏佛刹为一日一夜；妙光明世界一劫，于难超过世界法光
明莲华开敷佛刹为一日一夜；难超过世界一劫，于庄严慧
世界一切神通光明佛刹为一日一夜；庄严慧世界一劫，于
镜光明世界月智佛刹为一日一夜。佛子！如是次第，乃至
过百万阿僧祇世界，最后世界一劫，于胜莲华世界贤胜佛
刹为一日一夜，普贤菩萨及诸同行大菩萨等充满其中。"

这部分描述的距离不再是以年或岁来定义，而是用
"劫"来定义。"劫"作为佛教定义时间长短的单位，因为
数量太大，所以，在佛经中的定义比较抽象，无法定义出
固定的时间周期。但是根据《长阿含经》的描述，我们可
以大约了解一些。

首先，我们先看看小劫是如何定义的：小劫的定义是
依我们地球的人寿计算的。从人类八万四千岁的长寿，每
一百年减短一岁，减至人类的寿命仅有十岁时，称为减劫；
再从十岁，每一百年增加一岁，又增加到人寿八万四千岁，
称为增劫。如此一减一增的时间过程，总称为一小劫。

其次，我们看看中劫是怎么定义的：中劫的定义是一
个中劫等于二十个小劫。因为，佛经说，我们所处的娑婆
世界，共分"成、住、坏、空"四大阶段。每一阶段的时

间过程，均为二十小劫。在这四大阶段中，唯有"住"的阶段，可以供人类生存。

初"成"的阶段是由气体而液体，再由液体而凝固，所以不适合人类生活。只有到了"住"劫的时期，才能适合人类居住。这在《起世经》里面有详细的描述。《起世经》这部经典还描述了我们这个世界的发展和最后灭亡的过程。

"住"劫完了以后，或者说是我们所生存的世界坏了以后，就到了"坏"劫的阶段。"坏"劫因为正在剧烈的破坏之中，不适合人类的生存。经过四十九次大火灾、七次大水灾、一次大风灾之后，我们生存的世界便归消失。"坏"劫就算是结束了。

"坏"劫结束以后，"空"劫开始。在空无一物中再经过二十小劫，另一个新的适合我们生存的世界，便又逐渐形成，进入另一期的"成"的阶段。佛教把这成、住、坏、空的四大阶段，称为四个中劫，分别称为成劫、住劫、坏劫、空劫。

最后，我们看看大劫是如何定义的：大劫的定义是，经过成、住、坏、空四个中劫，便是一个大劫；换句话说，我们婆婆世界的一生一灭，便是一个大劫。然而，坏劫中的每一次大火灾，可从无间地狱，一直烧到色界的初禅天。每一次大水灾，可从无间地狱，一直淹到色界的二禅天。

最后一次大风灾，可从无间地狱一直吹到色界的三禅天。也就是说，每一次大劫的范围，除了色界的第四禅天及无色界的四空天，三界之内的动植飞潜，一切万物都在劫难逃。我们只能转生到四禅天等其他更远的世界中。而佛经上所称的劫，如不标明中劫或小劫，通常是指大劫而言。

我们对劫的时间长短有了这么一个概念，再来看上面《华严经》的描述："佛子！此娑婆世界释迦牟尼佛刹一劫，于极乐世界阿弥陀佛刹为一日一夜。"那么我们就能知道距离阿弥陀佛极乐世界有多远了。这在《佛说阿弥陀经》中叫"过十万亿佛土"。

《华严经》中"不可说"

《华严经》里面的"不可说"这个词很有意思。一方面它是数量词，在阿僧祇品里面定义"不可说"为一个数量单位，"不可说不可说转"为最大的数量单位；另一方面它有讲不尽、讲不明白、无法用语言来描述的意思，这与佛教里面很多场合的"不可说"吻合。

比如，问什么是佛？你能回答吗？没有办法回答。因为所有的回答都不能完全讲透"佛"的意思，比如回答为无上正等正觉，那么这个无上正等正觉就会有一个，无上正等正觉之上的正等正觉比"佛"更具有说服力。所以不能这样回答，只能回答"不可说"。

再比如，问什么是禅？你能回答吗？没有办法回答。因为任何一个回答都无法把禅的意思解释出来，所以只能用"不可说"来回答。其他很多很多的名词都是这样，我们无法回答，只能用"不可说"来回答。或者说"如人饮水，冷暖自知"。这个回答更是"不可说"了。

为什么会这样呢？学过数学的人都知道"极限"这个词。现代科学用极限来精确表示这个"不可说"。这个表达不管是在数量上还是在意思上都很恰当。因为，要标出任何一个度量的高低大小等极限量的时候，你不能在极限坐标上标出来（也就是说出来），一旦标出来，就会有一个超过你所标的点胜过它。

从这点来看，佛陀所说的"不可说"这个词就相当于现代科学的极限这个词。只是在两千多年前，还没有人定义"极限"这个词的意思。而定义"极限"这个词的人又不懂佛教，错过了古人已经定义过的名词，从而让我们后人产生迷惑。明白了这点，我们又会对佛陀的能力产生敬仰。

所以，我们在看佛经的时候，要注意今、古人对名词定义上的区别，不要把两者的定义分开（宗门下的话叫"打成两橛"）。像"香水海"这个词，不要一看到海就想起水，然后把自己固化，很明显"香水海"是指我们现代天文学里面说的星云。

另一方面，现代科学大可参考佛教的经典来定义用词，甚至应该沿着佛陀告诉我们的情况去分析自然规律，比如宇宙生命等问题。这样就不会闹出为"宇宙中到底存不存在生命"而争吵不已的笑话了，应充分利用先哲的智慧提高我们的科学进步能力。

智慧的苏醒

法界无处不华严

　　《华严经》是佛经里面最豪华的一部经典，学佛的人读后都会非常喜欢，因为这部经把佛教的名相以及法界的情况说得非常清楚。在用功境界上有善财童子的参一百一十城，访五十三员善知识的描述。最后才有觉城东际，亲登弥勒楼阁，一切法门尽归眼前之说。

　　祖师们也很喜欢引用《华严经》，可见《华严经》的境界之广博通达，被大家所学习应用。比如，这几天常常提到的投子禅师的外号就叫"青华严"，因为他就是得益于《华严经》而安身立命的。这样的事情在灯录里面有很多，而用《华严经》来说法度众生的事情就更多了。

　　自己也很喜欢《华严经》，并非是这段时间一直在诵《华严经》的原因，而是在看书的时候常常见到《华严经》境界的原因。今天看到庐山归宗慧通禅师的灯录，见到他上堂也在说《华严》，感觉好亲切。爱屋及乌，现把庐山归宗慧通禅师的事迹一并列出，让大家随喜吧。

　　庐山归宗慧通禅师。僧问。如何是函盖乾坤句。师曰。日出东方夜落西。曰如何是截断众流句。师曰。铁山横在路。曰如何是随波逐浪句。师曰。舡子下扬州。问如何是尘尘三昧。师曰。灰飞火乱。问如何是佛法大意。师曰。
黄河水出昆仑嘴。问十二时中如何履践。师曰铁牛步春草。
问只履西归当为何事。师曰。为缘生处乐。不是厌他乡。
曰如何是当面事。师曰。眼下鼻头垂。上堂。心随相起见
自尘生。了见本心知心无相。即十方刹海念念圆明。无量
法门心心周匝。夫如是者何假觉城东际参见文殊。楼阁门
开方亲弥勒。所以道。一切法门无尽海同会一法道场中。
拈起拄杖曰。这个是一法那个是道场。这个是道场。那个
是一法。良久曰。看看。拄杖子穿过诸人髑髅。须弥山拶
破诸人鼻孔。击香台一下曰。且向这里会取。上堂。从无
入有易。从有入无难。有无俱尽处。且莫自颟顸举来看。
寒山拾得礼丰干。

阿僧祇数是多少

　　我们读佛经的时候，往往会看到"阿僧祇"这个词。
在我以前的印象中，这个词只是一个很大的数，认为是佛
陀使用抽象用语来比喻一个很大很大的数字。事实上，"阿
僧祇"是佛陀时代定义的一个准确数量，具体是多少，可
以用现代的数量单位算出来。

　　在《华严经》中佛陀说道：

一百洛叉为一俱胝，俱胝俱胝为一阿庾多，阿庾多阿庾多为一那由他，那由他那由他为一频波罗，频波罗频波罗为一矜羯罗，矜羯罗矜羯罗为一阿伽罗，阿伽罗阿伽罗为一最胜，最胜最胜为一摩婆（上声）罗，摩婆罗摩婆罗为一阿婆（上声）罗，阿婆罗阿婆罗为一多婆（上声）罗，多婆罗多婆罗为一界分，界分界为一普摩，普摩普摩为一祢摩，祢摩祢摩为一阿婆（上声）钤，阿婆钤阿婆钤为一弥伽（上声）婆，弥伽婆弥伽婆为一毗攞伽，毗攞伽毗攞伽为一毗伽（上声）婆，毗伽婆毗伽婆为一僧羯逻摩，僧羯逻摩僧羯逻摩为一毗萨罗，毗萨罗毗萨罗为一毗赡婆，毗赡婆毗赡婆为一毗盛伽，毗盛伽毗盛伽为一毗素陀，毗素陀毗素陀为一毗婆诃，毗婆诃毗婆诃为一毗薄底，毗薄底毗薄底为一毗佉担，毗佉担毗佉担为一称量，称量称量为一一持，一持一持为一异路，异路异路为一颠倒，颠倒颠倒为一三末耶，三末耶三末耶为一毗睹罗，毗睹罗毗睹罗为一奚婆（上声）罗，奚婆罗奚婆罗为一伺察，伺察伺察为一周广，周广周广为一高出，高出高出为一最妙，最妙最妙为一泥罗婆，泥罗婆泥罗婆为一诃理婆，诃理婆诃理婆为一一动，一动一动为一诃理蒲，诃理蒲诃理蒲为一诃理三，诃理三诃理三为一奚鲁伽，奚鲁伽奚鲁伽为一达攞步陀，达攞步陀达攞步陀为一诃鲁那，诃鲁那诃鲁那为一摩鲁陀，摩鲁陀摩鲁陀为一忏慕陀，忏慕陀忏慕陀为一瑿攞陀，瑿攞陀瑿攞陀为一摩鲁摩，摩鲁摩摩鲁摩为一调伏，调伏调伏为一离憍慢，离憍慢离憍慢为一不动，不动不动为一极量，极量极量为一阿么怛罗，阿么怛罗阿么怛罗为一勃么怛罗，勃么怛罗勃么怛罗为一伽么怛罗，伽么怛罗伽么怛罗为一那么怛罗，那么怛罗那么怛罗为一奚么怛罗，奚么怛罗奚么怛罗为一鞞么怛罗，鞞么怛罗鞞么怛罗为一钵罗么怛罗，钵罗么怛罗钵罗么怛罗为一尸婆么怛罗，尸婆么怛罗尸婆么怛罗为一翳罗，翳罗翳罗为一薜罗，薜罗薜罗为一谛罗，谛罗谛罗为一偈罗，偈罗偈罗为一窣步罗，窣步罗窣步罗为一泥罗，泥罗泥罗为一计罗，计罗计罗为一细罗，细罗细罗为一睥罗，睥罗睥罗为一谜罗，谜罗谜罗为一娑攞茶，娑攞茶娑攞茶为一谜鲁陀，谜鲁陀谜鲁陀为一契鲁陀，契鲁陀契鲁陀为一摩睹罗，摩睹罗摩睹罗为一娑母罗，娑母罗娑母罗为一阿野娑，阿野娑阿野娑为一迦么罗，迦么罗迦么罗为一摩伽婆，摩伽婆摩伽婆为一阿怛罗，阿怛罗阿怛罗为一醯鲁耶，醯鲁耶醯鲁耶为一薜鲁婆，薜鲁婆薜鲁婆为一羯罗波，羯罗波羯罗波为一诃婆婆，诃婆婆诃婆婆为一毗婆（上声）罗，毗婆罗毗婆罗为一那婆（上声）罗，那婆罗那婆罗为一摩攞罗，摩攞罗摩攞罗为一娑婆（上声）罗，娑婆罗娑婆罗为一谜攞普，谜攞普谜攞普为一者么罗，者么罗者么罗为一驮么罗，驮么罗驮么罗为一钵攞么陀，钵攞么陀钵攞么陀为一毗迦摩，毗迦摩毗迦摩为一乌波跋多，乌波跋多乌波跋多为一演说，演说演说为一无尽，无尽无尽为一出生，出生出生为一无我，无我无我为一阿畔多，阿畔多阿畔多为一青莲华，青莲华青莲华为一钵头摩，钵头摩钵头摩为一僧祇，僧祇僧祇为一趣，趣趣为一至，至至为一阿僧祇，阿僧祇阿僧祇为一阿僧祇转，阿僧祇转阿僧祇转为一无量，无量无量为一无量转，无量转无量转为一无边，无边无边为一无边转，无边转无边转为一无等，无等无等为一无等转，无等转无等转为一不可数，不可数不可数为一不可数转，不可数转不可数转为一不可称，不可称不可称为一不可称转，不可称转不可称转为一不可思，不可思不可思为一不可思转，不可思转不可思转为一不可量，不可量不可量为一不可量转，不可量转不可量转为一不可说，不可说不可说为一不可说转，不可说转不可说转为一不可说不可说，此又不可说不可说为一不可说不可说转。

一洛叉是多少呢？这在佛经中没有找到，但是《俱舍论》记载说："如彼经言，有一无余数始为一，十一为十，十十为百，十百为千，十千为万，十万为洛叉，十洛叉为度洛叉，十度洛叉为俱胝，十俱胝为末陀，十末陀为阿庾多，十阿庾多为大阿庾多，十大阿庾多为那庾多……"

而在《大毗婆沙论》卷一七七说："一至百千名洛叉，至百百千名俱胝，百千俱胝名俱胝俱胝，百千俱胝俱胝名阿哳哳俱胝，百千阿哳哳俱胝名阿吒吒俱胝，百千阿吒吒俱胝名阿庾多，百千阿庾多名阿庾多分，百千阿庾多分名那庾多……"所以，我们知道一个洛叉就是十万，或者说是 10 的 5 次方。

一俱胝等于一百洛叉就是 10 的（$5+2=7$）次方；一阿庾多等于 10 的（$7 \times 2 = 14$）次方；那由他等于 10 的（$7 \times 2^2 = 28$）次方；频波罗等于 10 的（$7 \times 2^3 = 56$）次方……僧祇等于 10 的（$7 \times 2^{100} = 8.8735542015974 \times 10^{30}$）

次方。真的是一个天文数字了。

那么阿僧祇是僧祇个僧祇，它的数量从我们现实生活来看，就没有什么意义了。后面我们可以知道佛陀定义的最大数量是不可说不可说转，这个数量同样对于我们的现实生活没有什么意义。我们只要理解为无穷大就可以了，实际上这个无穷大对于《华严经》描述的法界来说，还远远不够大。

比如《华严经》中对数量的最后总结："不可言说不可说，充满一切不可说，不可言说诸劫中，说不可说不可尽。不可言说诸佛刹，皆悉碎末为微尘，一尘中刹不可说，如一一切皆如是。此不可说诸佛刹，一念碎尘不可说，念念所碎悉亦然，尽不可说劫恒尔。此尘有刹不可说，此刹为尘说更难，以不可说算数法，不可说劫如是数。以此诸尘数诸劫，一尘十万不可说……"

从《华严经》、《俱舍论》和《大毗婆沙论》中对数量的解释，我们可以看出，佛陀定义数字的情况是非常详细的。而且佛陀常用的数量单位：俱胝、那由他、僧祇、无量、无等、不可说等等来看，它们的关系也很微妙。比如一个僧祇正好等于 2 的 100 次方个俱胝。

以前我写过一篇日记叫"管窥三千大千界"，知道了我们的眼光是如何藐小，我们的知识是如何贫乏。要想了解我们所处的宇宙世界，还需要很多很多的知识。所以，很希望现代科学能从佛陀的智慧中得到一些启发，使得我们可以对所处的宇宙世界多一些了解，知道我们的身边事多一些。

智慧的苏醒

七地八地大跨越

这几天诵《华严经》到有关菩萨十地差别——十地品。发现七地菩萨与八地菩萨之间有一个很大的跨越。因为七地以前的菩萨是有功用，只有到了八地之后才开始无功用，才证得无生法忍。这是一个修行人修行的转折点，因为有功用实际上就是有为法，无功用了才是无为法。

我们现在做事情都有目的，靠意志力去做，是属于有为法的。这样做事情不能有平等心，还有善不善法。靠意志力做事情，首先要通过心或者说是脑力的思维，然后再指导身体去行动。这样做事情，力量必然是有限的，因为意志力是有限的，自然成就也是有限的。

可以这样说，我们做绝大部分的事情是靠意志力来做的。我们的一切反应要是靠意志的话，必然会很慢。因为我们要通过心或者说是脑部的思维之后，再来指挥身体动作，这样必然会慢一些。如果不靠意志力来做事情，我们就超越了心或者说是脑部的思维，做任何事情不但效率会很高；行动自然会很快；成就自然会多很多。

打个比方来说吧，比如我们打电脑的键盘。如果刚开始学电脑的时候，我们是一个字母一个字母地找键来打，这样的效率自然很苦恼。慢慢熟了，习惯了键盘的分布，不用找字母了，我们打键盘就会快一些。但是这个时候，我们与专业打电脑键盘的人比起来还是会有差距。

因为专业键盘输入人员早已经不用看键盘了，进入了所谓的"盲打"状态。在我们的眼里，他们打键盘只能看到手指头在键盘上乱飞。可是他们却能够正确地输入想要输入的内容。也就是说，专业输入人员已经基本上跨越了使用意志力来打键盘的局限。

他们打键盘输入内容，已经不用经过心或者说是脑部思维的指导，就像我们眨眼皮一样是不要靠意志力来完成的了。所以，他们的速度、效率要比我们高很多很多。我们每一个人打键盘的速度，都可以训练到这样快的速度。因为每一个人打键盘的速度都有可能得到突破。

这就是我以前写的日记"眨眼皮与流水线"中所说的那样，现代的工业已经知道把工作程序分小，使得工人工作的时候基本不要通过心或者说是脑部的思维来指导工作。这样就能使得工人的工作效率达到最高，工人的疲劳度得到减少（因为少了一个思维劳动），从而生产力得以提高。

对于七地以前的菩萨来说，自然是要行善法，救度众生。这样就会有个有众生可救，就要使用自己的意志力去做事情。这些事情自然是菩萨感觉是好事或者说是善事才去做的。菩萨做这些事情的时候需要一个心，或者说是用脑部的思维来指导自己的行为，然后再去做事情。

这样做事情叫作有功用地行善。因为这样的行善，在菩萨的心还有善恶之别。有善恶之别就是还有分别，那么菩萨这个时候自然还有漏。有善法可行的"漏"，在佛教里

智慧的苏醒

面称为有漏善。这样行善会漏到哪里去了呢，漏到六道轮回里面去了。因为还有漏，这样菩萨就会有退失的可能。

所以，七地以下的菩萨还会有可能退失信心。这在菩萨地的名称上也可以看出来，欢喜地、离垢地、发光地、焰慧地、难胜地、现前地、远行地、不动地、善慧地、法云地。只有到了第八不动地之后的菩萨才不会退失，才会跨越一个台阶，达到无功用，证得无生法忍。

在《华严经》里面是用出海行船来比喻他们的区别的。七地以前的菩萨就像船还没有出海，只是在向海行驶的过程中。这样行驶起来自然要靠自己的力量，速度有限。而八地以后的菩萨就像已经进入海的船，靠海流和海风就能迅速行驶，这样的行驶速度自然要比人力高很多。

这也像自己刚才比喻的打键盘一样。达到专业键盘输入水平的时候，自然不会再使用自己的心或者说脑部的思维来指导自己打键盘。要靠思维打键盘必然快不起来，只有我们打键盘打得像眨眼皮一样的时候，打键盘输入内容才会进入一个高层次。

事实上，这些比喻远远无法准确描述七地与八地菩萨的层次跨越之大。因为光是菩萨各地的情况就无法描述，这在《华严经》的十地品中一开始就讲了。我自己的讲述能力有限，无法描述自己对七地与八地菩萨的跨越分别。所以，就把《华严经》的第七地与第八地列举出来让大家自己看。

应该知道，正像《华严经》中讲的，各地中的菩萨情况只能略举一些。要想说完或说得全面是不可能的，原文的话是"若以菩萨殊胜愿力自在示现，过于此数，乃至百千亿那由他劫不能数知"。同样，自己感受到七地与八地菩萨的跨越区别，也是永劫说不能尽的。

希望你能够在《华严经》的这部分内容里面，感受到七地与八地菩萨之间的巨大差别，明白一些有功用和无功用的区别。因为这跟我们参禅用功关系很大，我们参禅常常说要离心意识参，实际上就是要求我们进入无功用地用功，从这里我们能够得到一些启发。

人生短暂苦漫长

我们的人生不过百年，在历史的长河中看来真的只有闪电那么一会儿的工夫。就是在这闪电般的工夫里面，我们吃了多少苦？受了多少累？从而造下了多少业？欠下多少债？将来为这些业债还要再吃多少苦？受多少累？所以，不要小看我们短暂的人生，如果不知悔改，继续造业下去的话，我们要吃的苦和受的累是非常漫长的。

最近总是在劝人放下，放下所有的恩恩怨怨。有的人因为贪而放不下，自己总是说，贪可以，但是不能执着于贪，一执着这个贪烦恼就来了。要为大众而贪，为众生而贪，唯独不能为自己而贪。其实，很多人也明白自己用不了许多东西，但是，就是贪，自己都会贪得发笑。

智慧的苏醒

还有的人因为嗔而痛苦，嗔到什么程度呢？花钱去买人家的手脚，花钱去收集人家的罪证，花钱……总之是损人不利己的事情也干了。真不知道有什么好嗔恨的，事情过去了就过去了。如果放不下，只有自己去受苦。这些愚痴的行为真的是令人哭笑不得。

要知道，我们的人生如此短暂，可是我们一念的贪、嗔、痴却会永久地刻画在自己的业中，将来由此业带来的罪苦却是非常非常的漫长。而且，人在执着的时候，不冷静的时候，一切的智慧全部消失。不管一切的后果，做出让亲朋好友痛苦的事情，真不知道怎么去帮助他。

自己总是说，放不下就只好自己辛苦担着去。其实，自己非常不愿意他们放不下，很希望他们能放得下。说前面这句话的时候，实在是一种要挟，希望他们在自己的要挟下能够放下。在自己的心中，实际上还是在想方设法再用别的方式让他们放下，只要他们能放下，自己可以无所不为。

最近看到一组由美国芝加哥的科学家做的图片，讲的是我们现代科学所能见到的宏观与微观以及肉眼所见的宇宙情况。这是人类通过工具，延伸了自己肉眼的能力。在佛教来看，佛陀用他的天眼所见，在佛经中也有所描述，而且这些描述与照片上的内容吻合，只是名词的定义有出入。

这组照片给自己的印象是，我们的人生真的很短，比闪电还要短。想到自己的苦，别人的苦，在这短暂的人生中却感觉如此的漫长，因为这些苦，再去造业。将来由这些业，还要在漫长的轮回中，再次去吃无尽的苦果，看后实在不寒而栗。所以，真要注意，莫以小罪以为无殃，五戒十善实在重要。

以后，会把这组照片公布出来，做个 PPT 什么的。希望用它能促进放不下的人放下。哪怕能放下一些，只要这顽固的石头有所松动，自己总有机会乘虚而入，要求他进一步，再进一步地放下。因为他放不下毕竟痛苦的是他，他痛苦后就会来找自己，自己就会有机会"杀"掉他的执着之贼。

罗汉天眼五百世

今天再次把这套四十二张图片贴上来，这四十二张图片是美国芝加哥的一位科学家制作的。这组图片与《华严经》讲的很多内容吻合，用这组图片可以说明很多问题，以后再慢慢围绕这组图片讲些佛教的内容。现在先看社会上对这组图片的解说吧（见日记"管窥三千大千界"一文）。

从这组图片能够看到我们的视野是如何狭窄，我们的眼睛是如何伪劣。其实佛陀所具有的天眼已经超越了制作这组照片的设备，也就是说佛陀的眼睛在两千多年前就已经能看到这些图片的内容。佛陀把他所看到的内容记载在了他所说的经典中，尤其是《华严经》有最多的描述。

比如佛陀说阿罗汉的天眼只能看到五百世，五百世是个什么概念呢？我们知道一般来说，人类在没有特殊情况下一世能活百年。那么五百世就是五百个百年——五万年，五万年前发生的事情，我们要想看的话，就在五万光年前的地方能够看得到。那么我们看看那张图片——10^{20}左右，也就是银河系。这个数据很有意思，银河系是组成宇宙的一个元素。如果把银河系作为一个基准，就可以把银河系称为一个大世界。

阿罗汉的天眼，其极限能够看清楚银河系，这应该算是一个大千世界了。我们现在的科学（天眼）知道宇宙由很多很多的大千世界（银河系）组成。这跟佛陀讲的我们的世界是三千（很多）大千世界组成的一样，跟现在的科学没有一点的差别。那么佛陀所说阿罗汉的天眼只能看到五百世这句话，就有很多巧合。是不是佛陀说阿罗汉只能看清银河系？出了银河系，阿罗汉的天眼就看不清楚了？

银河系实在是可以作为一个里程碑式的距离单位，是一个世界的典型代表。我们知道大世界在重复小世界。佛陀也说每一个世界是一个以须弥山为中心的世界，其他的小世界围着这个须弥山转。而银河系正是这样的结构，中间像须弥山一样星团密集，边上有很多的小星团（比如太阳系）在围着它转。

《华严经》还讲到我们的娑婆世界在华藏世界的位置，是在"无边妙华光"、"香水海"（银河系可能就是指这个"香水海"或者是娑婆世界），我们的娑婆世界在"无边妙华光"、"香水海"中的第十三层上面，上一层（靠近中心）是"光明照耀"世界，下一层是"寂静离尘光"世界。最靠近中心的一层叫"最胜光遍照"世界，最靠近外边的一层叫"妙宝焰"世界。佛陀是如何定义银河系还存在很多不确定因素，这些不确定因素是因为佛陀的定义与我们现代科学的定义不同。

从佛陀说阿罗汉只能看到五百世左右的情况来看，阿罗汉只能看清银河系是差不多的了。因为佛陀在佛经中总是以五百世作为一个单位距离，动不动就是五百世中当什么什么的。这在经典里面可以举出很多的例子，而且还有一个典型的例子是说周利槃陀，因为当时周利槃陀出家引发了一场纷争。这是因为佛陀说过无缘不能度的原因。

佛陀在世的时候，周利槃陀要到佛那里出家，当时他的年纪已经很大了。阿难、须菩提、舍利子等大阿罗汉都挡住不准他出家，他就在山门外大吵。佛陀在里面打坐听到了，出来问，为什么不让他出家？这些大弟子们说通过天眼观察过这个人，五百世以来都没有跟佛结过缘，因此无缘出家。

佛陀就呵斥他们说你们只是阿罗汉，只能看得到五百世的距离，五百世以前他是什么你们知道吗？五百世以前有一生，他是一条狗，与我有缘。它跑到一个地方吃大便，有一坨大便粘到它尾巴上。那只狗尾巴一甩就把大便甩到一个罗汉的坟堆上去了。那个塔就是佛陀那一生修到独觉佛的骨灰塔。当时周利槃陀就是以大便供养我，所以跟我结了缘，是属于有缘的人，当然可以出家。

所以，佛陀是把银河系作为一个单位界线，这是可以肯定的。但是具体用什么名称来命名，目前还没有结论。从这套图片来看，银河系和地球的图片很相似。具体娑婆世界指的是地球还是银河系还有待考证。《华严经》讲的华藏世界指的是哪一个？每一个香水海又指的是哪一个星云？我想只要我们努力下去，有一天是能够弄明白的。

娑婆世界银河系

《华严经》中说我们的华藏庄严世界海有无数的香水海。这很好理解，我们可以把宇宙看成一个大海，海中有很多旋涡。我们知道旋涡的反作用离心力会把一些密度比较大的物质聚集起来，形成一个更大体积的物质。就像我们地球海洋上，现在看到的由垃圾组成的几个"大陆"。

其实，我们宇宙中的各种天体都在类似旋涡般地自转，形成了各自的"系"。地球也完全可以看成是一个物质"系"。就好像原子核外的电子围绕质子和中子转形成原子一样，地球围绕着太阳转形成太阳系，这从道理上来看没有多大的区别。就像在空间的"大海"里有很多转个不停的旋涡一样。这就是《华严经》卷八、卷九华藏世界品第五中说的香水海。

诸佛子！此十不可说佛刹微尘数香水海，在华藏庄严世界海中，如天帝网分布而住。诸佛子！此最中央香水海，名：无边妙华光，以现一切菩萨形摩尼王幢为底；出大莲华，名：一切香摩尼王庄严；有世界种而住其上，名：普照十方炽然宝光明，以一切庄严具为体，有不可说佛刹微尘数世界于中布列。

……

此上过佛刹微尘数世界，至此世界，名：娑婆，以金刚庄严为际，依种种色风轮所持莲华网住；状如虚空，以普圆满天官殿庄严虚空云而覆其上，十三佛刹微尘数世界周匝围绕，其佛即是毗卢遮那如来世尊。

……

此上过佛刹微尘数世界，有世界，名：妙宝焰，以普光明日月宝为际，依一切诸天形摩尼王海住；其状犹如宝庄严具，以一切宝衣幢云及摩尼灯藏网而覆其上，二十佛刹微尘数世界周匝围绕，纯一清净，佛号：福德相光明。

……

诸佛子！此无边妙华光香水海东，次有香水海，名：离垢焰藏；出大莲华，名：一切香摩尼王妙庄严；有世界种而住其上，名：遍照刹旋，以菩萨行吼音为体。此中最下方，有世界，名：宫殿庄严幢；其形四方，依一切宝庄严海住，莲华光网云弥覆其上，佛刹微尘数世界围绕，纯一清净，佛号：眉间光遍照。

……

此上过佛刹微尘数世界，有世界，名：高胜灯；状如佛掌，依宝衣服香幢海住，日轮普照宝王楼阁云弥覆其上，二十佛刹微尘数世界围绕，纯一清净，佛号：普照虚空灯。

诸佛子！此离垢焰藏香水海南，次有香水海，名：无尽光明轮；世界种，名：佛幢庄严；以一切佛功德海音声为体。此中最下方，有世界，名：爱见华；状如宝轮，依摩尼树藏宝王海住，化现菩萨形宝藏云弥覆其上，佛刹微尘数世界围绕，纯一清净，佛号：莲华光欢喜面。

......

此上过佛刹微尘数世界，有世界，名：无尽光庄严幢；状如莲华，依一切宝网海住，莲华光摩尼网弥覆其上，二十佛刹微尘数世界围绕，纯一清净，佛号：法界净光明。

诸佛子！此无尽光明轮香水海右旋，次有香水海，名：金刚宝焰光；世界种，名：佛光庄严藏，以称说一切如来名音声为体。此中最下方，有世界，名：宝焰莲华；其状犹如摩尼色眉间毫相，依一切宝色水旋海住，一切庄严楼阁云弥覆其上，佛刹微尘数世界围绕，纯一清净，佛号：无垢宝光明。

......

此上过七佛刹微尘数世界，至此世界种最上方，有世界，名：宝色龙光明，二十佛刹微尘数世界围绕，纯一清净，佛号：遍法界普照明。

诸佛子！如是十不可说佛刹微尘数香水海中，有十不可说佛刹微尘数世界种，皆依现一切菩萨形摩尼王幢庄严莲华住，各各庄严际无有间断，各各放宝色光明，各各光明云而覆其上，各各庄严具，各各劫差别，各各佛出现，各各演法海，各各众生遍充满，各各十方普趣入，各各一切佛神力所加持。此一一世界种中，一切世界依种种庄严住，递相接连，成世界网；于华藏庄严世界海，种种差别，周遍建立。

上述佛经解释：在风轮之上的香水海中有大莲华，此莲华中含藏着微尘数的世界，所以叫作莲华藏世界。最中央香水海——无边妙华光香水海的大莲华之上，有世界，此世界总共有二十层，我们所住的娑婆世界，就在该世界的第十三层。娑婆世界的教主即为毗卢遮那佛。（地球是娑婆世界无数星球中的一个，毗卢遮那佛的化身——释迦牟尼佛2500多年前在地球上示现。）

那么，我们的银河系就是在"无边妙华光"香水海里了。这样就与《阿含经》中说的兜率陀天寿命等经典吻合了。因为佛陀定义我们世界的上方为六欲天，分别是四天王天、忉利天、夜摩天、兜率陀天、化乐天和他化自在天。其中四天王天离我们最近，然后分别是忉利天、夜摩天、兜率陀天、化乐天和他化自在天。

《阿含经》八六一

如是我闻，一时佛住舍卫国祇树给孤独园。尔时。世尊告诸比丘。人间四百岁是兜率陀天上一日一夜。如是三十日一月。十二月一岁。兜率陀天寿四千岁。愚痴无闻凡夫于彼命终。生地狱．畜生．饿鬼中。多闻圣弟子于彼命终。不生地狱．畜生．饿鬼中．佛说此经已。诸比丘闻佛所说。欢喜奉行。

《阿含经》八六二

如是我闻，一时佛住舍卫国祇树给孤独园。尔时。世尊告诸比丘。人间八百岁是化乐天上一日一夜。如是三十日一月。十二月一岁。化乐天寿八千岁。愚痴无闻凡夫于彼命终。生地狱．畜生．饿鬼中。多闻圣弟子于彼命终。不生地狱．畜生．饿鬼中．佛说此经已。诸比丘闻佛所说。欢喜奉行。

《阿含经》八六三

如是我闻，一时佛住舍卫国祇树给孤独园。尔时。世尊告诸比丘。人间千六百岁是他化自在天一日一夜。如是三十日一月。十二月一岁。他化自在天寿一万六千岁。愚痴无闻凡夫于彼命终。生地狱．畜生．饿鬼中。多闻圣弟子于彼命终。不生地狱．畜生．饿鬼中．佛说此经已。诸比丘闻佛所说。欢喜奉行。

从上面《阿含经》中的内容来看，这些天应该在银河系里面。我们知道地球自转一周为一日一夜，地球绕太阳转一周为一年或者叫一岁。地球绕太阳转一周，实际上就是太阳系自转一周的情形。因为我们把整个太阳系看成一个天体的时候，那么，我们地球就相当于太阳系表面上的一个元素（类似地球表面的空气分子）。

从那四十二张图片来看，要到一千亿公里的距离才能看到太阳系的一点影子。而银河系的直径有十万光年之长，其中不知道会有多少个太阳系。其实这个道理很简单，所谓的天体，实际上就是很多的物质聚集在一起自转的结果。

这就是《华严经》中说的香水海和香水河。

　　昨天写了日记"罗汉天眼五百世"，其中自己根据那四十二张图片做了一些猜测。认为阿罗汉的天眼不能超越银河系，佛陀的一个大世界的定位应为一个银河系。当时不确定我们的娑婆世界是定义在银河系还是其他地方。今天突然想起《阿含经》和《华严经》的这些部分，觉得佛陀定义我们的娑婆世界应该是指银河系。

　　现代科学的定义与佛陀时代定义的名词差别太大了，所以很多东西不好理解。因为佛陀是真语者、实语者、如语者、不诳语者、不异语者，所以，我们的现代科学应该从佛陀所说的经典中吸取智慧，这样就会上一层楼，可以多快好省地进一步得到发展。

《楞严经》中说惜福

　　在《楞严经》中有很大的一部分是描述三界（欲界、色界、无色界）众生的情形，同时也用很大篇幅来描述如何堕落到地狱、如何从地狱出头生于饿鬼趣、如何从饿鬼趣出头生到畜生趣、如何从畜生趣出头……说了很多。在讲到畜生趣的时候，有一部分说到要我们惜福的内容：

　　复次阿难。从是畜生酬偿先债。若彼酬者分越所酬。

此等众生，还复为人，反征其剩。如彼有力兼有福德。则
于人中不舍人身，酬还彼力。若无福者，还为畜生，偿彼
余直。阿难当知。若用钱物，或役其力，偿足自停。如于
中间，杀彼身命，或食其肉。如是乃至经微尘劫，相食相
诛。犹如转轮，互为高下，无有休息。除奢摩他及佛出世，
不可停寝。汝今应知。彼枭伦者，酬足复形，生人道中，
参合顽类。彼咎征者，酬足复形，生人道中，参合异类。
彼狐伦者，酬足复形，生人道中，参于庸类。彼毒伦者，
酬足复形，生人道中，参合很类。彼蛔伦者，酬足复形，
生人道中，参合微类。彼食伦者，酬足复形，生人道中，
参合柔类。彼服伦者，酬足复形，生人道中，参合劳类。
彼应伦者，酬足复形，生人道中，参于文类。彼休征者，
酬足复形，生人道中，参合明类。彼诸循伦，酬足复形，
生人道中，参于达类。阿难。是等皆以宿债毕酬，复形人
道。皆无始来业计颠倒，相生相杀。不遇如来，不闻正法，
于尘劳中法尔轮转。此辈名为可怜愍者。

如果我们不知珍惜，那么酬债和索债就要如此轮回。

有关惜福的内容在阿含、本源等其他经典里面讲了很
多很多。但是在了义的《楞严经》里面讲惜福就不免被自
己所重视，而且这里还讲得这么详细，可见福报问题的严
重性。所以，这个福报的问题是一定要好好重视的，不管
是生命还是财物都要小心谨慎。

反过来看看现在的环境，我们真的是无地自容。现实
生活中可以说是优越得不能再优越了，好像就连福报的问

题都已经不复存在了一样。甚至到了如果你跟别人讲要惜福，人家还会施舍给你，告诉你不要这样节约，这些小财物不是问题，根本没有必要挂在心上。更有甚者还会说你这么节约，会使生产者失业没饭吃。

其实，我们也的确是没有必要为了省钱而节约，甚至应该鼓励消费。但是，我们应该知道不管是消费什么，我们都在消耗自己的福报。现代的消费已经不是为了温饱，而是为了爱好。更加可怕的是往往为了爱好，牺牲掉其他弱小众生的生命。比如，我们为了填充我们的口福，希望新鲜……实在不忍说下去。

这是多么可怕的事情，我们人类的物质生活发达到了今天，我们真的很幸福吗？且不要说将来的因果报应或者说是偿还宿债，光说说眼前烦恼。多少人为了能够随时可以饱口福而颠倒黑白地工作？他们个人就为此付出了多少的代价？被消耗的资源呢？我们生存的地球环境呢？如此等等实在可怕。

自己没有能力去说服他人，自己感受到了这些问题的可怕。所以，自己只能从自己做起，按照经中所说去做。从珍惜每一粒粮食开始、从珍惜每一滴水开始、从珍惜每一分钱、珍惜每一个劳动力开始、从珍惜……守好戒律，广行十善。希望以自己的行为能够影响一些身边的人和事，希望大家都尽量地惜福行善。

《楞严经》中说流泪

在回答学佛的人问题的时候，发现流泪的问题被提问的次数很多。很多人说自己在大殿里面会流泪、见到佛像会流泪、想到与佛有关的事情会流泪、点香的时候会流泪……自己心里很明白，他们是想说明自己与佛有缘，想说明佛在自己心中的分量很重。

这都是很好的事情，但是为什么会这样？为什么会希望用流泪说明佛在自己的心中的分量？这就隐隐约约有"神通"或者说"通神"的迷信在里面。明明白白的一件事情，非要把它神秘化，把它引向"神通"或者说"通神"的迷信里面去，这就是目前学佛人普遍存在的问题。

因为，一上来就把佛向"神通"或者说"通神"的迷信里面引，自然而然以后就会更加严重，最后的结果就是越学越迷惑，然后把自己搞晕。如果再被居心叵测的人利用，那就会开始对佛教产生怀疑。然后，好的把佛教说得一钱不值，坏的就否认佛教，严重得连经典也怀疑。

所以，这看起来是一件很简单的事情，实际上存在很多的危机。自己常常说"神通"或者说"通神"的迷信是很害人的，是不负责任的表现。因为这些人把自己搞不懂或者想偷懒不愿意去搞懂的东西全部归纳到"神通"里面去了。如果再出来一两个居心叵测的在里面搅和，那问题就严重了。

所以，自己很忌讳"神通"这个词，觉得这个词很危险。尽管自己知道"神通"是人人具足的，但是因为这里的危险而不得不回避。因为目前科学技术水平的限制，很多现象无法解释。自己的办法是解释不出来的就不说也不参与，唯一可以做的就是尽量去研究经典，希望从中找到答案。

比如《楞严经》中就有很大的篇幅是用来讲我们的世界现象，这与现代科学发现的现象是完全一致的，之所以不好理解，是因为古人与现代人的语言有区别。再加上古人与现代人定义的名词有差别，甚至于所说的侧重面不同而有区别。所以，我们现代的人就很难理解或者说看不懂。

在《楞严经》中有关流泪的解释非常明确，也很好明白。流泪的现象被佛陀归纳到了"内分"。所谓"内分"、"外分"就是说我们的内在行为和外在行为。这些行为是因为环境现象出现（因），我们的身体所产生的表现（果）。请看下面《楞严经》卷八中的原话。

佛告阿难。快哉此问。令诸众生不入邪见。汝今谛听。当为汝说。阿难。一切众生实本真净。因彼妄见，有妄习生。因此分开内分外分。阿难。内分即是众生分内。因诸爱染，发起妄情。情积不休，能生爱水。是故众生，心忆珍羞，口中水出。心忆前人，或怜或恨，目中泪盈。贪求财宝，心发爱涎，举体光润。心著行淫，男女二根，自然流液。阿难。诸爱虽别，流结是同。润湿不升，自然从坠。此名内分。阿难。外分即是众生分外。因诸渴仰，发明虚想。想积不休，能生胜气。是故众生，心持禁戒，举身轻清。心持咒印，顾盼雄毅。心欲生天，梦想飞举。心存佛国，圣境冥现。事善知识，自轻身命。阿难。诸想虽别，轻举是同。飞动不沉，自然超越。此名外分。

第四章

佛教命运中的科学观

大家都关注命运

经常要接待客人，所以，不免有很多的聊天。在聊天中发现，人人都很关心自己的命运，这是很好的事情。因为只有大家都在乎自己的命运，关心自己的命运，那么，大家才会向善、向上，直至最终成佛。这个问题自己虽然回答过多次，但是，只要有人问，自己还是乐意一次又一次地回答的。

命运的确存在，也是可以预知的，而且通过自己的努力还可以改变。因为命运也是一个因果的过程，有因必有果。所谓："欲知前世因，今生受者是。欲知来世果，今生做者是。"虽然命运可以预知，但是我们还不要预先知道更好，这样才符合无为法的精神——只问耕耘，不问收获。

因为命运是我们自己以前的种种行为造成的，这些行为总有一天要兑现因果，哪一种命运的因果先兑现，就要看我们现在的行为，可以说是完全掌握在自己的手上。所以，要想得到好的命运，只管做好事，所谓但行好事莫问前程。应该像禅者一样地对待命运——过去无悔，现在无怨，将来无忧。

为什么在目前情况下我们还是先不要知道的好呢？因为，命中可能有很多好的机遇，因为你预先知道而在等待，不去努力而错失良机；命中即使偶有小挫折，亦属平常，因为预先知道了，自己整天提心吊胆而疏于防范，结果变成了大的坏事。也就是说，在我们还没有觉悟的时候，知道了将来的命运，往往会因为我们的行为而使得好事缩小，坏事放大。

因为，我们预先知道了自己的好命运后，往往会不再努力，因为不再努力，很有可能把大好事变成小好事，或者好事没有了；而预先知道了自己的坏命运，则有可能因为害怕，整天提心吊胆而使得小坏事变成大坏事。这就是我们没有觉悟的人常常出现的情况。

因为我们凡夫的惰性很大，总是不肯努力，总是希望好事全部归自己，坏事自己不沾边。所以还是不要去预先知道得好，按照无为法的精神，只问耕耘，不问收获。从现在做起，努力学习和工作，做到勿以善小而不为，勿以恶小而为之，这样就一定会有意想不到的成就和收获。

所以，我们没有必要去预先知道自己的命运。只管不断行善，能做到三轮体空更好，这样就能保证我们的人天福报不断，甚或直趋如来之地。我们现在行现善、后善、究竟善，就能使我们的眼前乃至今生都得善报；尽未来际得善报；成就究竟解脱。

命运发展因果说

昨天写了日记"大家都关注命运",今天趁热打铁接着说说命运中的因果关系。因为,命运也是按照因果规律发展的,如是因得如是果。我们以前种下了什么因,将来必然会结什么果。换句话来说,就是我们以前做了什么样的事情,将来就会有什么样的命运。

因为,根据因果的定律来看,有因必然有果,但是,是不是所有的因都会成果呢?不一定,因为所种的因要成为果必须有条件,也就是我们所说的"缘"。我们给以前所种的善因施加成熟条件(缘),那么这种善因就会加快结善果。同样我们给以前所种的恶因施加成熟条件(缘),那么这种恶因也会加快结恶果。

这些条件(缘)是什么呢?就是我们现在所做的事情,也就是我们现在的行为,现在的行为是向善、向上的,我们就是在给以前的善因施加成熟的条件,让善因加快成熟结出善果,同时又种下善因;反过来我们现在的行为是向恶的,我们就是在给以前的恶因施加成熟的条件,让恶因加快成熟结出恶果,同时又种下恶因。

就好像我们有很多种子,有萝卜、白菜、花生等等。我们给萝卜施肥加水,萝卜就会发芽生长出来,同时我们又得到萝卜的种子；我们给花生施肥加水，花生就会发芽生长出来，同时又得到花生的种子一样的道理。所以我们只管行善必然会有善报。

在现实生活中有时候也会看到行恶的人，却过得风光自在，而行善的人却灰头土面。这是因为他们以前所种的因力量强，所以现在善报或恶报都会推迟成熟，不是不报，时间未到。因为再大的力量也有尽的时候，一旦力量消失，那么过去所作的善、恶业又会还报。

大多数人就是这样，在顺境中常常忘乎所以，不知道应该继续行善，结果善报受完后还怨恨自己的命苦，然后修苦行图善报。就好比一个人小的时候家里很苦就努力学习，长大后有所成就；然后却又腐败，受惩罚；最后发心修苦行图将来的人天福报。

生命就在这善善恶恶中轮回不断，烦恼不断、生死不断。所以我们出家人行无为法，断恶修善，修清净行，修无漏善法，不执诸相，三轮体空，最终出离轮回。就像永嘉大师说的："住相布施生天福，犹如仰箭射虚空。势力尽，箭还堕，招得来生不如意。怎似无为实相门，一超直入如来地。"

强人命运多艰辛

生活中能够发现身边有很多很能干的人报怨命运不公，尤其是有很多很能干的女强人，这里已经把她们的美名用上了——女强人。当然男子中的强人要多得多，他们也是同样存在这样的问题，只是他们不擅长抱怨，或者说把对自己命不好的报怨深深地埋在了心底，所以问题还没有凸显出来，而女强人，不但她们自己抱怨命不好，而且在她身边的人就能意识到。

不管是男性还是女性，这里就有一个问题，他们这么能干，为什么偏偏命还会不好呢？他们付出了这么多，从因果上来说应该有很好的报应。但是结果却不是这样，他们反而是劳累过度，做事不顺，人际关系紧张，甚至身边的亲友无法忍受他们，表现为强人命运多艰辛。

这里面的原因有很多，其中之一是因为，有一个常常被忽略的错误他们往往发现不到，这是他们埋怨命运不公平的原因——觉得自己任劳任怨（其实没有任劳任怨）了，可是自己的果报还这么差，真的老天不长眼。其实，这是他们犯错误了还不知道，再埋怨下去所犯错误更多更大，命运自然好不了。

生活中每一个人的烦恼都很多，尤其是特别能干的人，他们的烦恼更多。因为他们往往承担着更多的工作，自己觉得承担着更多的义务。因为太能干就看不上别人的行为，认为别的帮助做事情的人是累赘，总是在帮倒忙，是在添乱。所以，常常指责别人太笨或者不干活。

这是大错特错了，这是他们的我、法二执太强烈的原因。因为自己太能干，所以，一切要听我的。因为自己太能干，特别有办法，干活特别有效率，所以，一切事情要按照自己认为的最佳方式去做。你们帮忙简直是添乱，还不如自己一个人忙来忙去还快些。结果累死了就开始埋怨与发牢骚。

这算是典型的无理取闹了，因为别人干也挨骂，不干也挨骂。同时，实际上他把边上的人学习做事情的机会给剥夺了。所以，与他相处的人实在需要很好的脾气或者说是好修养，否则无法相处。所以，不但是他们自己痛苦，还把别人一起拉入地狱的深渊。

这样的人非常可怜，他们往往在做错事的时候还不知道。所以，这个时候要彻底反思一下自己，要认识到自己的错误。把工作分给大家干，不会就教他们，做不好就为他们拾遗补漏。这样，你就不会一个人在那里忙了，别人也有了参与的意识，觉得自己是个主人翁，有了成就感。

所以，最好的办法就是行无为法或者说是按照"只问耕耘不问收获"的方式去做。只管自己埋头苦干，为边上你认为不能干的人拾遗补漏，把他们的过失不声不响地弥补了。努力地去做并且默默无闻，这就是努力耕耘的表现，结果自然坏不了，这也是你赚取福报的好机会。如果能做

智
慧
的
苏
醒

到这样，你就不会认为自己很无奈而生烦恼了。

因为，别人没有把事情做好，大众的福报就没有全部赚到手。我们在补救他的过失的时候，就把他没有赚到和为他补救过失的双重福报赚来了，这是多么便宜的事情啊。能够看到这点，我们就不再为增加的工作量抱怨了，就会心甘情愿地为别人拾遗补漏了。

这样处理事情，即使在自己的精力不够而使得事情的结果不尽如人意的时候，也应该看到，很多人在你身边学到了做事情的方式；很多人因为你的拾遗补漏弥补了他的错误，如果这个人是个有心人，他还因为这样，不但学到了做事情的方式，还学到了做人的技巧。

能够看到这些，我们就不会因为结果不尽如人意而沮丧。我们反而会因为培养出新的力量而高兴，从此你不会再一个人没完没了忙个不完。把事情分摊给大家做，自己轻松，别人还受益，使他人有了一种融入和参与的主人翁感受，减少了很多的烦恼，从而使得大家更加和谐、生活更加轻松，你也摆脱困境，走出了强人命运多艰辛的困境。

望子成龙大执着

现代人的工作、学习、生活压力都很大，尤其是面临人生转折点的考生，他们的压力之大不可思议。总有家长和学校的老师希望自己帮忙，或者希望通过做佛事得到好成绩；或者是学生因为压力过大而精神不正常要求帮助，自己也很为他们着急。

在寺里面，不管是什么考试之前，很明显打普佛的人马上就多了。这个很令人高兴，说明大家知道了佛教有这样的功能，明白佛教的道理。另一方面，自己很苦恼，很为他们担心，希望他们不要被压垮。自己也没有什么本事，唯有认真去为他们做佛事，求忏悔，以祈祷诸佛菩萨慈悲降临成功所愿。

其实，这样做法是一种偷懒，就像自己常常说，神通是一种偷懒一样。我们把不想解释或者说解释不了的事物用"神通"两个字解释了。这样不管是考生还是将来根据考试成绩的用人单位来说都是像用"神通"两个字偷懒一样，是不负责任的和懒惰的。这点大家应该清醒。

社会上对考试与用人单位只根据考试成绩来判断一个人的能力也有很多的争议，当然是这是一种捷径，同时也是一种偷懒。所以，用错人和错误评判人的事例不断出现。形同人生转折点的考试变成了"华山就此一条路"，给本就压力重重的生活增加了一道难以逾越的压力。

另一方面，我们在望子成龙的时候，有没有想过孩子们也在望父成龙？记得自己在上学的时候常常也是望父成龙的，都希望自己的父母是龙，我们可以依靠这条龙而不劳而获。所以，这里面实际上是一个"贪"字，我们在贪某个东西，只是这个东西比较抽象，不说出来大家也一样能想象出来。

智
慧
的
苏
醒

所以，说来说去还是我、法二执的问题。我们因为自己的我、法二执在给自己增加压力，为了面子、好的命运、利益等等给自己增加了额外的压力。甚至为了要事物一定按照某种自然规律或者说是因果规律的发展而给自己增加了额外的压力。不但自己陷入烦恼痛苦之中，还连带把别人一起拖下去。

自己有亲身的体验，人才不一定要看考试，而是要看这个人的心。看看这颗偷心死了没有？看看这颗心柔软了没有？如果这颗心柔软了或者说偷心死了，那么要这颗心的主人去做什么事情都能实现。我们能够很容易地把一些知识或者说做事情的方式告诉他，他很快就能掌握并进入状态。

很多人在单位或家庭负荷着沉重的压力，所谓顶梁柱，从而身体劳累不堪，接近崩溃。这个时候要怎么办？很多人选择了默默忍受，这是不对的。要把自己的负荷分出去，因为这个色壳子的忍受是有限度的，色壳子虽然是假的，但是目前我们还要靠它做事情。

一再地默默忍受是有极限的，一旦英年早逝由谁来承担你现在的顶梁柱角色？所以，这个时候要会把自己的负荷分出去，去培养"接班人"。让他跟你一起承担这个负荷，这样不但两个人一起轻松，也不会有英年早逝的担忧，更不会出现因为英年早逝而带来的混乱。

因为跪着所以矮

　　佛教是很讲精进的，也就是世间所说的努力。在修行的三十七道品里面，就有五个是要我们精进努力，可见精进努力在佛教里面的重要性。其实，在世间精进努力同样重要，自己从来没有见过一个成功的人，不是靠自己的精进努力得来的。

　　在与信众交流的时候，常常有人拿自己的缺陷来做借口。他们往往用身体不如别人、知识不如别人、能力不如别人……来推托自己的不精进努力。这样的人很可怜，因为，他们老是想着这些事情的时候，往往就会堕落到里面去，所谓物以类聚，人以群分。你自己就把自己分配到里面去了。

　　所以，自己常常用"因为跪着所以矮"来鼓励他们，只要你站起来，就与别人一样高了。因为，法是平等的，随着我们每一个人的使用方式和程度的不同，产生不同的结果。这就是说，你花一分的工夫，所得到的成绩就有一分；你花十二分的工夫，所得到的成绩就有十二分。

　　所以，要勇猛精进地努力去做，时时刻刻想到他们为什么能行，我为什么不行，他们的眼睛是横着长的，我的也是；他们的鼻子是竖着长的，我也没有横着长，为什么他们能行，我就不行？这样你就会发起勇猛精进之心。你看佛陀在教诫他儿子罗睺罗的时候说："彼既丈夫我亦尔"，可见精进勇猛之心是多么的珍贵。

自己常常鼓励身边的人要勇猛精进，常常说："一个人，如果只工作八个小时是不可能出成果的，要想拿到好成绩，就要每天用功十二个小时以上。"世间的小事况且要这样勇猛精进地去努力，何况我们出世间，了生脱死的大事，没有勇猛精进的努力如何能够成办？所以我们佛弟子更要勇猛精进。

佛陀根据不同众生的根性，讲了与众生数量一样多的方法，来对治我们的毛病。我们只要勇猛精进地去做，总有一条解脱之路可以到达彼岸。比如参禅不行我们就念佛，念佛多简单多好啊，万善同归，万人修行万人去，不分根性利钝。所以，不要把自己归纳到矮的行列中去，只要你站起来，就与别人一样高。

祖师中说勇猛精进的公案很多很多，在《禅关策进》里面有很多关于要如何勇猛精进的公案。教诫我们为什么要勇猛精进的祖师也很多，下面看看庐州广慧冲云禅师是怎么说的。

庐州广慧冲云禅师。僧问。如何是广慧境。师曰。古柏含烟翠。乔松带雪寒。云如何是境中人。师曰。一瓶净水一笼烛。童子念经僧坐禅。乃曰。法界性海非三界可观。解脱法门绝一尘可视。盖由性灵不等根器差殊故。诸佛出兴随缘设教。或茶坊酒肆徇器投机。或柳巷花街优游自在。

种种施为尽入萨婆若海。怎么说话耻他先圣。不见古人道。
赤肉团上壁立千仞。百尺竿头如何进步。良久曰。撒手到
家人不识。更无一物献尊堂。珍重。

玩游戏多造恶业

昨天有人问打游戏是否造业的问题，这是肯定的。因
为我们一切行为无不在造业，有的在造善业，当然有的是
在造恶业。玩游戏当然是在造业，造什么业要看玩的是什
么游戏？如果是引人向善的游戏，那么是在造善业；如果
是玩坏的游戏，自然是在造恶业了。

造善业将来就会积聚善果，造恶业将来就会积聚恶果，
大家都非常清楚，这里就不再多说了。玩游戏如何造业？
如何形成自己的业障？我们是如何由这些无明、烦恼和贪、
嗔、痴驱动下，由意根（思想）的指导，应用身根或者是
口去造业，然后形成自己的业障？

我们的行为先是由思想（意根）的设计或者叫指导，
然后由身体或者嘴巴去付诸行动，有些会胎死腹中没有行
动。这是因为我们的思想（意根）力量不同，或者叫作自
制力不同。思想（意根）力量强的念头往往就会容易带动
行动，或者说是自制力差的人容易被思想（意根）带动去
行动。

所以，念头的落实是根据思想（意根）力量强大与否和自制力强弱与否有关，思想（意根）力量强大并且自制力弱的人就容易付诸行动；思想（意根）力量弱的并且自制力强的人就不容易付诸行动。人们根据自己的这些情况决定是否使用身根或者是嘴巴造业。

实际上自制力强弱与否与个人的修行或修养有关。一般来说，有修行或有修养的人自制力比较强。比如，有的时候因为自己的觉悟而产生自制力；有的时候因为慈悲喜舍而产生自制力；有的时候会因为受制于戒律等等因素而产生自制力；有的时候……

拿玩游戏来说吧，一般制造游戏的公司为了迎合人们贪、嗔、痴，都会把游戏设计得比较"刺激"。我们或者会因为贪心而去喜欢，或者会因为嗔心而去喜欢，或者会因为痴心（比如猎奇心等）而去喜欢，或者会因为……

其实，在佛教的宣传中，我们也常常利用人们的无明、烦恼和贪、嗔、痴来传播佛教。这就是我们常常说的"先以欲勾牵，后令入佛智"的方法。当然这是通过善的方法来做佛事，是善将尘劳做佛事，巧用方便度众生的善巧方便手段而已。

回过头来说我们的比喻。我们开始玩上比较"刺激"的游戏之后，我们的意根（思想）就开始造业了，当然因为还没有付诸行动，这个业报还不是很厉害。但是已经在我们的八识田里面种下了种子。当然善的游戏也同样，我们一接触这个游戏就开始种善根。

如果我们的定力不够或者没有修行，长时间地接触之后，往往就会把意根（思想）强化。一直下去强化到自己的自制力极限（跟我们的修行有关）的时候，我们轻则会在嘴巴上去行动，严重的就会在身体上去行动，从而造下严重的业。将来会因为这个业而得果报就是业障了（注意这里说的是善、恶都是业）。

所以，有的法师讲玩游戏会堕落，甚至堕落到地狱里面，这是完全有可能的，当然这是比较极端的结果。但是绝大部分的人因此堕落是一定的，因为他的八识田里已经被这个比较"刺激"而污染（如果本不干净就会加深污染），将来积聚到一定的时候也会付诸行动。

同样善的游戏会引导人们向善，将来得到善果。但是现实生活中善的游戏很少，这是因为我们会感觉这些善的游戏不够"刺激"，从而很少人想玩，游戏公司因为效益不好也不愿意生产。所以说玩游戏基本上是属于危险的行为，我们没有必要去涉这个险。

有的人觉得玩游戏没有形成伤害或者说是实践事实，没有什么关系，看了上面的文字我想应该有所认识。因为我们的业是身、口、意三业在造，玩游戏至少是在造意业，也是很危险的。所以，我们不能因为玩比较"刺激"的游戏感觉没有成为事实而认为没有什么关系。

其实，我们大可以将玩游戏的时间放在工作、生活和学习中去。只要能够认真、能够投入，工作、学习和生活一样充满乐趣。所以最好是什么游戏也别玩，把这些时间用来做更有意义的事情。将来网络禅堂建好了，大家可以进网络禅堂去坐香，这样不管从哪个方面来说都是非常好的事情。

基因与业定将来

现代科学说，人的将来是由自己的基因（DNA）决定。而佛教说，人的将来是由自己的业决定。这两种说法很有意思，因为从我们现在有限的知识来看，是完全吻合的。由于我们现代的科学限制，对于基因的了解还不是很透彻，而佛经中留给我们关于业的资料又很模糊，所以有很多不确定性。

我们知道生命的体型、相貌、肤色，生长、发育、疾病、衰老等等是由自己的基因而定。而基因可以由父母遗传给子女，就是人们常说的"龙生龙，凤生凤"、"种瓜得瓜，种豆得豆"，也可以发生变异，就是所谓的"一母生九子，子子各不同"。

而佛教说生命的体型、相貌、肤色，生长、发育、疾病、衰老等等是由自己的业力而定。在《佛说入胎经》等经典里面讲得非常多，什么样的业决定将来是什么样子，这与现代的基因学说非常相似。我们可以这样肯定，基因中包含着我们业力的信息。

因为，从六道中可见的人道与畜生道来看，我们的业力为基因所表现。我们由贪、嗔、痴的作用，得到新的生命。新的生命是由自己的业力所感，表现在基因上就是继承了父母基因的一部分和自己变异的部分。将来会什么样完全由自己决定（基因也会变异）。

现代科学已经了解到了，基因越多，就意味着这种生命形式中各种器官功能越强大。我们人类基因组里大概只有不到 4 万个基因，在所有生命形式里面算是不多的一种。而这很少的基因里面，所得到应用的部分就更少了，从目前的了解来看，仅仅利用了 1.3%。所以人类可修正自己的"空间"还很大。

目前，我们人类只能看见可见光，通过修行，眼睛不仅能看见可见光，还能看见红外线、紫外线和无线电波，就是伸手不见五指的夜黑天也休想挡住视线；同样通过修行，我们的耳朵除了能听见 20 至 20000 赫兹的声波外，低于 20 赫兹的次声波和高于 20000 赫兹的超声波也能听得见。

所以，通过修行，我们还可以和发射超声波的蝙蝠交流，也能听见大地震、台风，甚至流星雨来临的次声波，对这些自然灾害提前做好准备。听觉的灵敏度完全可以大幅度提高，比方说，夜里有人在 10 公里以外说悄悄话，说的什么完全听得见。

如此等等我们的身体有很多的功能有待开发，这与佛陀说的五眼六通也是吻合的。而佛陀告诉我们，五眼六通是可以通过修行得到的。所以，随着科学技术的进步、基因研究的透彻，我们能从基因的变化里得到一些我们业力的信息，同时，佛陀所教诫我们的道理也会一步一步被现代科学所证实。

充满纠缠的人生

人生充满了各种各样的纠缠，来自身体内的、身体外的，看得见的、看不见的，生活中的、工作中的、学习中的、家庭中的、团体的、信仰的等等。就算是被人看成一帆风顺的人也会被很多的纠缠所包围，不得解脱。比如爱情、人际关系、宗教信仰等等，岂不见闲来无事的人还"怨清风"！最没事最没事的人也会有老、病、死的纠缠。所以我们就像是作茧自缚的蚕一样，被这些纠缠所困，不得解脱。

四祖道信大医禅师在十二岁的时候就感受到了人生的各种纠缠，从而向三祖僧璨求解脱，演出一段惊天动地的"谁缚汝"公案。四祖道信见到三祖僧璨时候说道："愿和尚慈悲，教授解脱的法门。"三祖僧璨说道："什么人绑缚了你？"四祖道信回答："没有人绑缚我。"三祖僧璨说道："那么何必更求解脱呢？"四祖道信于是有省。

四祖道信得到解脱后一生不断努力，六十年肋不至席，不但自己演绎了解脱的榜样，还帮助我们后人找到解脱的方法。为禅宗这一脉的延续，也是佛教的延续解粘去缚，使我们今天得以闻佛法并因此而得以解脱。没有人绑住我们，为什么我们还会感受这么多的纠缠呢？

这是因为我们的心充满了二元对立的原因。我们对事物产生了分别、执着的时候，就堕落到了纠缠的圈子里面去了。佛教讲的所谓冤亲债主就是这么形成，不管是冤家还是亲家都是我们的债主，我们只有无悔、无怨地承担这个责任，负担起这个义务，才能摆脱这些纠缠。

这样，我们就知道了，一切是我们的心在作怪，我们的心在作茧自缚。陷入一场纠缠中，必然是两个方面的因素，一个是自己，另一个是他方。蚕就是自己，茧就是他方，那么这个他方的茧是怎么来的呢，就是自己从口里面一口一口吐出来的丝堆积起来的。所谓的身、口、意三业，因为我们的身总在胡作非为、口总在胡说八道、思想总在胡思乱想。

如果我们放弃这三"胡"，不再从口里面吐蚕丝作茧会怎么样呢？一定会死，但是作了茧后也是会死的啊！有生必然会有死，这是因果规律，不管如来出不出世，法尔如是的。那么我们何必要多此一举作完茧再死呢？不如随顺自然规律，不与生死对抗，不参与作茧的纠缠，也就是不与纠缠相应，那么我们就不会被茧所缚，生活一定会是另一个样子。

明白这个道理，我们就掌握了纠缠的主动权，不与一切纠缠的对象相应，一切随顺因果的规律发展，那么我们就不会陷入纠缠，就会得到解脱。这就是善护念，善护自心。即使是因为以前的事情，现在纠缠到头上了，也可以用善法去解决，用自己的定力不与纠缠相应。

纠缠结果是生病

前几天写了"充满纠缠的人生"日记，很多人问要如何认识和处理现实生活中的纠缠，今天，我们先讨论一下纠缠的结果。人生中有这么多的纠缠，我们一旦陷入，最后的结果必然是生病。这是因为生病是痛苦的归结，生病的后面就是死亡。而且，现实生活中，可以见到很多生病的病人，他们就是陷入了各种纠缠的深渊。

曾经有一个病人问我，如何脱离病痛的纠缠？我说不要和病痛相应！因为病有业障病和四大不调病两种，不管是哪一种都不要和它相应。不要老想着自己病了，因为总是想着生病那么就是和病相应。就算是被蚊虫咬了也尽量不要去挠它，我们都知道越挠会越痒，这就是与病相应；不挠它就不与它相应，那么，痛痒还能快点消失。

何况错综复杂的业障大病。所以不与病痛相应这是最理想的治疗方式，当然这也要包括医院的治疗，因为医院的治疗是用善法解脱过去的纠缠，不与病相应是断绝新的疾病纠缠。这样双管齐下就能很快得到解脱，最快地使得自己的生活质量提高。这也是"随缘消旧业，不再造新殃"的验证。

自己曾经见过这么一个人（实际上你们注意一下自己

身边也有很多这样的人），他总是怀疑自己生病了，不断地跑医院检查，医院目前设备也实在是查不出所以然。然后找更好的医院，找更好的设备，结果一直也没有查出所以然。这样一直查了四年，有一天查出结果了，他得了轻微的尿毒症。

当他知道自己得了这样可怕的病后，却又不再跑医院了，练起气功，认为练气功能治好尿毒症，这样几个月后病情恶化，医生建议进行透析，但他还是在练气功，不去治疗。结果从检查出尿毒症到死亡只用了半年的时间。这个教训实在骇人听闻，这是发生在我身边的真实事情。

一旦发现自己生病了以后，应该按照过去无悔、现在无怨的原则去面对。去医院治疗、做佛事等是消以前的旧业。同时要注意不要再增加新的纠缠，不要胡思乱想，更不要胡作非为，这是不再造新殃。这样双管齐下，病痛才会最快地好转或得到最好的结果。

另一个方面，尽量保持好的心态，可以多拜拜佛、诵诵经、打打坐。这些佛教的修养的方式不光有佛菩萨的加持力，就是眼前能看见的心不外泻（保持了心力）等好处，就能帮助自己度过无聊、孤独、紧张以及不愿意运动、做事等等困境。这是眼前就能看到的好处，实在应该好好应用。

现在自己身边就有好几位病人，我都是教他们用这些方法对付疾病。有的因为这些方法病情减轻；有的因为这些方法出院了在家里治疗；有的因为这些方法病好了。他们共同的特点是建立了信佛的实、德、能的信心，没有了恐惧心理。

这个道理很简单，因为你不再陷入新的纠缠，那么旧的纠缠会因为你已经用善法去面对，而且也接受了以前的果报，而这些纠缠是有尽的，果报受完了，没有新的纠缠也就不会继续受报。这就是我们出家人常常用的"随缘消旧业，不再造新殃"的生活方式。

冤家亲家皆债主

寺里面住了几个母亲带着小孩，当然是家庭出了问题。她们实在非常可怜，自己想要修行，还要牵挂小孩。尤其是小孩的另一方来寺里面想带小孩走或者是小孩不听话的时候，母亲就更加难过。自己当然会去劝解他们了，如何劝解当然是告诉他们冤亲平等的事实。

我们平时会在回向殿，给自己的冤亲债主挂往生超度牌位。写着冤亲债主往生莲位，阳上人某某等字样。意思是什么呢？就是想把自己的冤亲债主都介绍到西方极乐世界去，不要来干扰自己的生活或者是修行。这样自己就可以少受点干扰，可以生活、修行得更加顺利一些。

这是常常见到的事情，事实上，这也是非常有效果的减少干扰的方式。自己就常常为别人挂这样的牌位，尤其是对于正在处于病痛中的病人，会有很好的效果。比如自己的父亲在病危的时候，自己就给他挂了这样的牌位。后来也同样给很多有类似情况的佛友挂牌位。

为什么要挂这样的牌位呢？因为我们以前做了很多很多影响别人的事情，这些人有的是对自己好或者爱而纠缠不休；有的是对自己不好或者恨而纠缠不休。我们因为他们的纠缠不休而不得安宁，从而影响我们的生活和修行。我们就是这样给自己留下了很多很多的纠缠。

现在我们想好好生活，想好好修行，就希望他们不要再来干扰我们，不要再纠缠我们。所以，给他们做佛事，把自己做佛事的功德回向给他们。这样他们如果有善根、信佛法，就会明白我们的心意，停止或者减少干扰和纠缠。如果明白了极乐世界的好处，就会因此而去极乐世界，从而停止干扰或者纠缠。

所以，这种佛事，是介绍众生去极乐世界的一种方式。我们在做佛事的时候，感觉自己的威望还不够，就请诸佛菩萨做证明。这就好比我们现在卖房子，别人怕我们的房子质量不好，就用工程质量的验收证书来证明一样。

这就好比我们介绍一个人去学佛，我们会告诉他佛法很好，能够断烦恼了生死。我们通过挂牌位、做佛事回向介绍他去极乐世界，告诉他极乐世界很好，你们去极乐世界吧。如果他认同了，但是暂时去不了，他就会领你的好心，不再与你作对，从而你的干扰就减少了。

如果他能听你的话去了极乐世界，那么你的干扰就会彻底消灭。有关这些佛事，我想很多佛弟子比我自己还要清楚。要不总是有人到寺院来做佛事，总有人要到寺院来

智
慧
的
苏
醒

超度自己的冤亲债主。可是现实生活中，他们往往就忘记了冤亲债主这个名词，忘记了冤亲债主在我们的现实生活中也一样存在。

我们身边就有无数的冤亲债主。我们应该在有生之年想办法超度他们，不要等到往生之后。因为我们现在作为人还算是比较清醒的，容易度化。要是往生之后再去超度，不知道他们到了哪个世界，那个时候再去找他们，他们的情况千差万别，再要度化他们就困难重重了。

事实上，对于冤家路窄，大家可能还有所警觉，因为看到冤家会让自己不舒服或者不自在，甚至害怕。这样就会想起要超度他，希望他不要干扰自己，希望他不要再纠缠自己。让自己安宁一些，让自己好生活一些，让自己好修行一些。这样自己就会在现实生活中去做些缓和矛盾的工作。

如果他是信佛的就更好办了，可以劝他好好修行，将来去西方极乐世界，甚至为他做一些消灾免难的佛事，希望他安安稳稳不要出乱子，这样就会减少纠缠自己的机会。说白了，就是冤家容易让自己警觉起来，知道有一个冤家要处理，要去为他做佛事，要去为他努力。

可是亲家有几个人会认识到也是债主呢？经典上甚至将亲家这个债主比喻为狱卒，这个狱卒把我们看管得不得自在，不得解脱。我们要想从这个狱卒手里逃出来实在是非常非常困难，因为他用"爱丝"把我们缠得死死的。所以，自己往往就说我们常常在自己的亲家这个债主面前缴械投降。

在自己的亲家这个债主面前，我们忘记了他也是一个债主，也同样需要为他做佛事，也同样需要为他努力。现实生活中比比皆是这样的人，他们在亲家面前不知所措。一门心思只剩下"爱"，不知道如何去解脱"爱缠"这个东西，根本不知道运用佛法的力量去解脱这个"爱缠"。

因为，我们在亲家面前往往就不能冷静，就不知道该如何处理亲家这个债主的问题。这个时候就像刚吵完一架一样，面红耳赤没有定心，智慧等于零。早把自己给自己挂冤亲债主牌位一事忘得干干净净，不知道现在正是面对自己冤亲债主的时候，是自己的能力得到发挥的最佳时刻，是做佛事的切入点。

这个时候应该明白自己的责任与义务，应该不要忘记自己该承担的使命。该为这个冤亲债主做什么事情，应该如何去做。如果欠钱就还债、如果欠抚养劳作就尽力去抚养劳作、如果欠教育指导就去教育指导、如果欠……总之不要忘记自己的佛弟子身份，劝他们信佛往生西方极乐世界是最有效果的办法。

冤亲债主讲小爱

在夏令营分组讨论的时候，被问的最后一个问题是如何看待和处理爱。与往常的情况类似，大家对于佛教里面的爱总是误会，认为佛教是讲出离的，是看破红尘的，是远离爱的。其实，这也没有什么不对，只是不完整而已。

因为佛教是讲究舍弃个人的小爱，广行慈悲的大爱。

因为个人的小爱是一种贪欲的表现，所以是要舍去的。慈悲的大爱是要去行的，但是，需要在尽未来际发菩提心才能实现。所以，爱这个问题很难讲清楚，这里就少少地讲点如何对付和看待眼前的小爱。这也是营员们最想了解的问题，也比较现实。

一般人遇到了麻烦，感觉有冤亲债主在找自己的麻烦，纠缠自己，就会在寺院里面挂牌位超度他们。

但是，很多人尽管在超度自己的冤亲债主，可是他们却很少去关照这四个字的含义。什么是"冤亲债主"，字面已经说得很清楚，没有人不懂。"冤亲债主"就是"冤家"和"亲家"都是债主。可是，我们往往只知道冤家是债主，忘记亲家也是债主了。

世俗有句话："冤家路窄"，我们常常能够听到，大家都明白它的意思。说明我们见到"冤家"一眼就能够识别，能够明白，知道怎么处理——希望不要"路窄"，大家各做各的事。在佛教里面我们就劝有"冤家"的人，要尽自己的责任去面对，做到过去无悔，现在无怨，将来无忧。这样就能把"冤"结化解，从而大家各走各的路，各做各的事，不再有纠缠。

但是一般的人碰到"亲家"的时候就迷惑了，不知道怎么对待、处理，只好缴械投降。要知道"亲家"也路窄，要尽自己的责任去面对，做到过去无悔，现在无怨，将来无忧。这样就能把"亲"结化解，从而大家各走各的路，各做各的事，不再有纠缠。

所以，我们真的是很可笑，这么简单的"冤亲债主"，就只会处理"冤家"而不会处理"亲家"。这是因为我们遇到亲情的时候往往忘记了自己平时的功夫，忘记了自己平时的所学。换句话说，就是被"亲情"冲疯了头脑，向"亲情"缴械投降。所以我们不要被"亲情"迷惑了，要保持清醒的头脑，面对一切事物。

　　这种情况在世间也是有的，在法律里面有亲情回避之说。就是处理案件的相关人员不能与当事人有亲情关系。再比如，医院也有这样的情况，再高明的医生不会为自己的亲人动手术开刀，甚至不为自己的亲人看病等等。很有意思的是，这两个地方都是比较重要的场所。换句话说，就是在世间的重要场所，也设有让人不迷惑的规定。

　　可见冤亲债主在社会的各个方面表现都很突出，尤其是家庭、青年男女等等的关系上表现很突出。怎么对待很简单，大家都知道。佛教里面是要大家感恩、包容、分享、结缘；信仰、因果、良心、道德；过去无悔、现在无怨、将来无忧来对待。关键是不要被"亲"字迷惑。

　　大家如果能够对冤亲债主有这样的认识，能够知道要去写个牌位去超度我们的冤亲债主的话，个人的小爱问题就基本解决了。当然，现实生活中还有很多我们在世的亲人，我们可以在现实生活中去超度他们；用自己身体力行的实际行动去超度他们，希望他们明白道理，离苦得乐。

智慧的苏醒

172

第五章

科学地建立信心

信心难发道难行

　　信是佛教中最最重要的修行手段，三十七道品里面每一个都离不开信。一切的问题都是我们信心的问题。可以这样说，如果我们信心没有问题的话，我们根本无须开悟，一切佛陀已经告诉我们了。或者可以这样说，如果信心没有问题的话，我们就已经开悟了。

　　正是因为我们的信心有问题，所以，我们要吃很多的苦去修行、去体证、去重复佛陀已经走过的路。我们就是这样给自己找了很多的辛苦，为自己设置了很多的障碍。

　　佛佛祖祖为了让我们坚信这是一条可以解脱之路，想方设法搞了八万四千种法门；祖师们更是设计了许许多多的法门让我们自己亲身得到体证，可真是煞费苦心。这都是因为我们婆婆世界的众生信心有问题，自己的执着又坚固。所以，不得已要用这么多的办法解决我们的信心问题。

　　佛陀在《华严经》卷十四贤首品第十二之一中说：

......

信为道元功德母　　长养一切诸善法
断除疑网出爱流　　开示涅槃无上道
信无垢浊心清净　　灭除骄慢恭敬本
亦为法藏第一财　　为清净手受众行
信能惠施心无吝　　信能欢喜入佛法
信能增长智功德　　信能必到如来地
信令诸根净明利　　信力坚固无能坏
信能永灭烦恼本　　信能专向佛功德
信于境界无所著　　远离诸难得无难
信能超出众魔路　　示现无上解脱道
信为功德不坏种　　信能生长菩提树
信能增益最胜智　　信能示现一切佛
是故依行说次第　　信乐最胜甚难得

......

祖师中元贤禅师曾为座下弟子指出学道三要：

三要是"第一要信得及，第二要放得下，第三要守得住"。信得及者，信我自己本来是佛。放得下者，放下许多虚名浮利，恩爱业缘，种种牵缠。守得坚者，坚守信心不失，坚守放得下，不担取，不执着。

还有佛迹颐庵真禅师示众中说。

青山叠叠。绿水滔滔。于斯会得。独步高超。虽然如此。也是寻常茶饭。古德云。欲穷千里目。更上一层楼。承古有言。机不离位。堕在毒海。语不惊人。陷于流俗。

智
慧
的
苏
醒

若击石火里别缁素。闪电光中辨杀活。可以坐断千差。壁立万仞。还知有恁么时节也无。错。勘破了也。如今谈禅者。脚跟点地。鼻孔撩天。具正眼者。落落罕闻。所以偏正不一。各立异端。坚执己解。勿通实理。所谓正法难扶。邪法竞兴。古云。信有十分。则疑有十分。疑有十分。则悟有十分。可将眼里所见。耳里所闻。恶知恶见。奇言妙句。禅道佛法。贡高我慢等心。彻底倾泻。莫存毫末。只就向未明未了公案上。距定脚跟。竖起脊梁。无分昼夜。无参处参。无疑处疑。直得东西不辨。南北不分。呆桩桩地。却如个有气的死人相似。心随境化。触着还知。打破髑髅不从他得。岂不庆快平生。

这些都是在讲信心的问题，古人一言半句就开悟也是因为他们的信力极强，三言两语就解决问题了。我们现代人聪明过头，掉入了世智辩聪难。所以，灾难重重难以入道，根本的表现就在信心不足上面。什么事情都要自己亲自体验，自然要吃更多的苦头。

记得最清楚的是憨山大师开悟的话，他已经是一位近代古德了，还在开悟时候说，"一切诸佛诚不我欺"，可见我们现代人信心是多么的糟糕。所以，自己常常说那些老婆婆们是最最有善根的，他们的信心是那么的坚定不移，认准一个极乐世界就要去，真的让自己羡慕不已。

当然有人会说他们迷信，其实我们何曾有正信？用我自己的眼光看来，只要有信心，认准一个目标就要去，这就是正信。所以，信心是一个关键的东西，是一切道元的功德之母、是长养一切善法之因、是断除疑网出爱流之力、是行入涅槃无上道之步、是……

从现代社会问题来说，也是信心或者说是诚信问题。我们因为有信心或说是有诚信，我们的社会就平安并迅速发展。当我们的信心或诚信出问题的时候，社会就会乱套。所以，信心不仅在佛教的修行上是一个道元功德之母，也同样是社会发展的一个关键动力。

妄想执着即成见

佛陀说："无一众生而不具有如来智慧，但以妄想、颠倒、执着而不证得。"（《华严经》卷五十一　如来出现品第三十七之二）这几天自己一直在讲有关成见的问题，后来发现这个最大的成见或者说一切的成见就是这个妄想执着。我们一切的功德，一切的智慧等等都是因为我们对事物存在的成见障碍了。

远的成见先不说了，我们看看现在生活中成见是怎么来的。比如我们小时候所看的电影，反面人物或者说是坏人都是相貌丑陋。而正面人物（或者说是好人），都是相貌英俊。于是在我们小小的心中，就形成一种坏人都是长得丑陋，好人都是长得很英俊的成见。现在我们知道，这完全是一种错误的成见。

因为这个错误的成见，我们常常以貌取人。认为相貌

智慧的苏醒

丑陋的人，其心灵一定丑恶，相貌英俊的人心灵一定美好。如果以这种成见去使用人才，那么我们的事业必然是障碍重重，因为这是一种完全错误的成见。

再比如，我们总认为钱可以无事不办；再比如，我们常常认为保姆就爱占便宜，常常会手脚不干净；再比如，我们总认为民工是社会不安定的根源；再比如，我们总认为漂亮的蘑菇会有毒；再比如，生病了就要多吃东西增加营养；再比如……无穷无尽的成见，例子是举不完的。

可以这样说，成见遍布我们生活、工作、学习、修行中的每一个角落。我们稍微用点脑筋思考一下就会知道，这些成见是多么可怕。我们就是生活在这样一个可怕的成见世界之中，被自己的成见牵着鼻子走，对自己喜欢的就贪、对自己讨厌的就嗔……

我们不但拥有这么多的成见，我们还在执着于这些成见。所以，我们的起心动念无不是由成见在指导着我们、我们的行动无不是由成见在左右着我们、我们的……因为我们已经习惯了这是对的、那是好的、这是黑的、那是白的……这些二元对立。

这些二元对立就是因为我们的成见而产生的。这些从大到小的各种各样的成见，生成了我们二元对立的观念，这些观念接着就妨碍了我们对事物的正确认识机会、削弱了我们正确判断的能力、使得我们失去了处理事物的智慧……使得我们堕落在妄想分别之中难以自拔。

我们就是这样被自己的成见拖入妄想执着中去。所以，一切妄想执着可以说都是因为成见而有，因成见而起。同样，要想跳出妄想执着的深渊，就要去掉我们的成见、就要克服我们的成见、就要放弃我们的成见、就要断掉我们的成见、就要……

所以，修行就要从去掉我们的成见开始。从去掉我们小的成见开始，从去掉一点点的小成见开始。今天去掉一点，明天去掉一点，慢慢地使自己的成见淡化，慢慢地使自己的成见变小、变少，慢慢地使自己的大成见变成小成见，慢慢地使自己的小成见消失，慢慢地……

我们只要不停地努力下去，我们的成见就会由强变弱、我们的成见就会由大变小、我们的成见就会由多变少、我们的成见……这样修行下去，我们的小成见就会被消灭、我们顽固的成见就会一点一点地被淡化、我们的小成见就会一点一点被消除、我们的成见……

我们的成见减少了，妄想执着也就会随着减少；我们的成见淡化了，妄想执着也会随之被淡化；我们的成见变弱了，妄想执着也会随着变弱；我们的成见……这样慢慢下去，我们就能完全放弃我们的妄想执着；我们就能打开本具的智慧之门；我们就……

成见脱去了生死

因为我们有深刻的成见，所以才会轮回不息、才会纠缠不清、才会烦恼不断、才会……昨天只是说了成见能够深刻到自己的肌体的程度，就像眨眼皮。

其实我们之所以跑到这个娑婆世界来，实际上都是我们的成见在起作用。即使是菩萨再来，也是靠成见而到达的，所谓菩萨不断某些微细惑。如果我们断了成见，那么我们的世界就不再是杂染的娑婆世界了，我们当下就是极乐、我们当下就没有生死、我们当下……

说到生死，我自己想到了自己出家的目的——所谓的想了生脱死。死亡是绝大部分人甚至可以说是一切人害怕的事情。因为生从何来，死向何去一直就是人类的一个大迷惑。出家人出家修道，行苦道、修苦行、持禁戒等都是想要了生脱死。

为什么要这么辛苦地这样做呢？因为生死是我们生活中的最大烦恼。一切烦恼最后都会归结到生死这个大烦恼上面去。自己有很多面对身边的人死亡的经历，看到过很多病人在病床上面临死亡的痛苦。其中感触最深的当然是自己的父母在病危时候的情景。

记得母亲病危的时候，自己当时还没有信佛，更不了解要如何去安慰母亲、如何才能做得更好。只是蛮干地想让母亲快乐，希望她能多活几天，甚至不管她是否痛苦。结果自然是母亲依然要离开这个世界，大家都要悲哀。母亲则是受了更多的罪，大家受了更多的苦。

其实，当时与母亲同病房的人就已经给我自己竖起了一块警告牌。他的家属把自己家的所有财产都卖了，包括房子，来维持他的生命。最后妻儿到处借钱，不论亲戚朋友与同学，最后让自己的妻儿背了一身的债务之后才出院，结果在出院的第二天死去。

因为自己一直不承认母亲必然会病得越来越严重而最后死亡的现实，即使知道毫无希望也要强行治疗。结果病人和家属都搞得辛苦万状，烦恼重重。尽管当时自己比较富裕，没有经济上的困扰，但是最后也因此而耗尽了自己的体力和时间，造成很多困难的现实，实在是非常不明智的做法。

这都是因为自己对死亡的成见太深而不能自拔，如果随顺世缘的话就不会搞得自己如此狼狈不堪。现在明白了一些佛教的道理，才知道应该放弃成见，随顺世缘去处理。所以，在前年父亲病危和过世的时候，就处理得很圆满，不但老父走得安详殊胜，家属也没有什么额外的特别辛苦。

尽管这样，在父亲火化的当晚，还是因为自己的成见，控制不住情绪悲恸万分——尽管自己很清楚应该如何去做，明白一切将会如何。可见成见的力量是如何的强烈，那种悲恸好像是来自肌体的力量。

这种悲恸不是因为想起什么而来的，而是一种无名的力量，不用思考就会去行动的行为，是一种习惯，实际上就是成见。因为亲情之间的别离，将来再也无法相见的凄切，这种成见让自己的行为失去控制。即使明明知道他的去处很好，但是这种生死的成见还是造成了困惑。

所以，不放下这些成见，我们想了生脱死是不可能的。看到了别人在面临生死时候的表现，经历了自己亲人的生死关，那么将来自己在面临生死的时候会怎么样？这是很严重的问题，这也是我出家修行的目的。

智
慧
的
苏
醒

好在祖师们给我们做出了很多很好的榜样，告诉了我们如何去放下成见、如何去修行。所以我们有机会走他们走过的路子，自己当然是知道如何去做、如何去行。但是很明显功夫太差、修行不够，即使是在自己的亲人面临生死的时候也没能完全放下成见。

只能希望通过以后的努力，自己也能达到他们的境界。因为祖师们能做到放下了成见，面对生死就像更换一件衣服一样简单。那么我们只要按照他们所走过的路，也应该有机会像他们一样彻底放下成见，最后了生脱死。

正法威猛我能行

我们立志修行的要注意一件事情，那就是不要随便贬低自己。因为随便贬低自己，往往是在给自己找借口，或者偷懒，或者迷恋于某个境界，或者退失信心，从而不能正常地进行更深入地修行，这是很危险的。应该时时刻刻记住，我们在走佛佛祖祖们走过的路，他们能行我也要能，所谓"彼既丈夫我亦尔"。

所以不管是佛言还是祖语，常常是用"彼既丈夫我亦尔"来鼓励学人，让我们能行入威猛的佛法之路。比如，佛陀教导他的亲生儿子罗睺罗说："无量十方诸有情，念念已证善逝果，彼既丈夫我亦尔，不应自轻而退屈。"所以要想行入威猛佛法之路，就要有这样的决心，要有这样的气概。

所以，佛陀的种种教诫，祖师们的种种鞭策，都是在激发我们的这种气概，希望能有更多的"谢三郎"（玄沙师备禅师的别名）出现，与释迦同参，与祖师同行。或者说："此身不向今生度，更向何生度此身。"激励我们世世不离伽耶，不登佛阶绝不罢休。

所以，自己常常自我鞭策的口头禅就是："他们能行，我为什么不能？"因为佛佛祖祖也是在阎浮提下生成道，与自己一样，眉毛横着长，鼻子竖着立。即使这辈子无缘，只要自己保住人生，下辈子、下下辈子……总有一辈子能像"谢三郎"一样，做到"一丝独钓寒江雨"。

记得2004年禅七中师父开示说："要说'你来！你来！'不能说：'你去！你去！'"的时候（当时的开示在"满院馨香逐晚风"一文中有完整记载），自己就在心里暗自发誓，即使是师父要自己去，只要有可能，自己也不会推辞，哪怕是上刀山、下火海，自己只要有一口气在，就一定会去试一试。何况刀山火海在《华严经》里面善财童子就亲身经历过。

有了这样的气概，有了这样的志气，就能按照佛佛祖祖的教导去做，就有希望与佛佛祖祖同行。所以，要学通三藏、要坐证四禅、要镇想无生、要澄心空理。佛佛祖祖无不在期望着我们。他们或者用自己的言行，或者用自己色身，或者给我们警策，或者……期望着我们能与他们同行。

信根坚固有秘诀

佛教的一切修行要从信开始，所谓"信为道元功德母，长养一切诸善法"。很多人因为信根有问题，所以在佛法上难以得到受用，表现为一会儿信心十足，一会儿信心退失。信心十足的时候恨不得全世界的人和他一起修行佛法，信心退失的时候骂被这个人骗了，骂被那个人骗了，所以总在佛教这个豪华的大门口徘徊，不敢入，又想入。

所以信根成了修行佛教的关键。在佛教的教义里面，信也讲得很多很多。我们平时见到一般是两种人，一种是直接信入，不问青红皂白我就是信，这样的人很幸福，绝大部分很快进入角色，但是有一部分人后来会退失信心；另外一种人通过了解教义，亲身体验，得到受用甚至开悟，从而信入。

后一种人，就是说的那些"从缘悟入永不退失"的人，这样的人信心坚固，绝不会退失。如果是这样的出家人，即使要他还俗，他也会保留佛教信仰。比如投子和尚，他被沙汰（历史上灭佛，让出家人还俗）了，但是，他照样是以一个出家人的方式生活。

信心不坚固的原因，主要是因为佛教的历史太长，佛陀时代与我们的生活时代相隔太远，佛经上的很多内容与现代的情况有出入，引起有世智辩聪的人种种怀疑。这种情况应该认真地把佛经从头到尾看一遍，了解了佛陀的全部思想后，就知道自己的偏执是多么的幼稚；然后再看看历代祖师的行履和成就，有机会再到广州韶关南华寺看看六祖的真身，这样信心不坚固的问题必然会被消除。

信心不坚固的原因还有一种，那就是看到身边的佛教徒所作所为不合自己的意，这样的人一般是把佛教徒理想化了。且不用说很多有成就的人显现的是"劣应"（就是他们把自己好的方面隐藏起来，外面表现出来的是顽劣的一面），应该知道佛教社会也和我们所处的社会一样，是由凡人和圣人组成的，甚至有人利用佛教来谋生的情况也常见到，所以不要被这些现象所迷惑。

遇到这样的情况应该知道，佛教从来没有变化过，是演绎佛法的人在变化。《华严经》里面的比喻是说："佛就像天上的月亮，不会因为有人看到月圆、月缺而变化。"你看到半月的时候月亮还是圆的，你看到满月的时候月亮也是圆的，从来不会变化。所以自己要有主心骨，要设计好自己学佛的方式，不要因为这些外在的环境把自己的计划打乱，否则受苦的还是自己。如果能够做到这样，那么你就是"从缘悟入永不退失"的人了。

凡圣的秘密

这几天，突然悟到了凡圣的秘密，那就是凡多于圣，圣多于凡；圣大于凡，凡大于圣。大家不要笑我胡说八道，这是真的。我们总觉得这不好，这个人不好，那边好，那个人好，这都是因为自己凡多于圣。实际上，好好观察就会发现，这个人很多地方比自己好，那边夏天也会热，这就是圣多于凡。凡圣的大小也是这样。

我们平时的生活中，总是感觉别人在拖自己的后腿，这是因为自己在拖别人的后腿。为什么呢？因为，我们总是会觉得一群人中，有一部分很好，一部分一般，一部分拖后腿。如果把这群人中，很好的那部分集中在一起，我们又会在这部分人中，分出一部分人很好，一部分人一般，一部分人拖后腿。这是不是自己在拖别人的后腿呢？自己没有把时间花在正道上啊！

所以，我们往往在拖别人的后腿而不知道，这在祖师的话叫"自屎不觉臭"。明白了这些，我们就知道六祖在《坛经》里面说的大道理："……世人若修道，一切尽不妨，常自见己过，与道即相当。色类自有道，各不相妨恼，离道别觅道，终身不见道，波波度一生，到头还自懊。欲得见真道，行正即是道，目若无道心，暗行不见道。若真修道人，不见世间过，若见他人非，自非却是左，他非我不非，我非自有过，但自却非心，打除烦恼破……"

其实祖师们横说竖说，也无非是在说这些，都是要我们去掉这个执着的分别心。佛陀说了 600 卷的《大般若经》，也是在说这个。所以僧肇大师所说的"般若无知"真的是太精妙绝伦了。我们总是在分别来分别去，就不会知道大智慧来自"无知"，自己一身臭不知道，却在指指点点别人，真的是太可怜了。

对于我们出家人来说，僧人住在寺院也是有凡圣的问题。《大智度论》说，"僧有四种：一哑羊僧，愚痴比丘不识善恶持犯轻重，随所犯罪不知悔除，犹如哑羊至死无声，名哑羊僧；二无羞僧，虽知善恶持犯轻重内无羞耻，故为毁犯；三有羞僧，识知善恶持犯轻重内怀羞耻，慎过不犯；四真实僧，内具圣德。"我自己就是既哑又羞，还在怪这怪那。现在才知道去年师父为什么说自己"过犹不及"。所以现在老老实实，只管做，不出声，希望脱离这凡圣的枷锁。

知见多端丧本真

知识分子学佛实在困难重重，他们的特点是入门太难了，古人的形容叫"知见多端丧本真"。他们需要把自己的知见去掉，要去掉多年来自己所悟所学，这对于他们来说等于把自己的命打死。但是一旦入门，他们就很容易成就，而且不会退转，所谓"从缘入者永不退失"。

知识分子的特点就是学了很多的知识，有了自己的一套理论根据。这在佛教上面来说叫作我执和法执坚固，要想学佛先要打掉这个坚固的我执和法执。所以，他们入门要比一般的人困难得多。因为这是他们一生的所得，学佛又要放弃这一生的所得，所以，他们会很痛苦。

在他们的眼里一定又在找，是否有一条路可以不用这么痛苦，可以不避开被"打死"。答案是不可能的！因为他们如果不放弃这些成见，就永远是在知见上打转转，永远不得门而入，说白了是永远进不了佛门。所以，很多知识渊博的佛学大师，常常不能进入佛门。

因为他们研究经典是靠以往知识或者叫知见，不是身体力行的体证。这被古代的祖师说成"芳草劳寻径，岩松回布荫，几多玄解客，失却本来心"。所以，他们是不可能进入佛门，只能在佛门之外徘徊。不管多么努力，也不过是像上面的偈子说的，只是在寻求松树落在岩石上的阴影一样。

因为佛法的第一义谛不是经过知识和见解而来的，是无法用语言分别来得到的。所以，我们在语言分别上做功夫都不过是在讨论佛法，不是在修证佛法。佛陀的堂弟阿难尊者觉得自己是佛陀的堂弟，佛陀一定会给自己指出一条方便之路，结果被佛陀呵责为数人财宝。

其实佛陀和祖师反反复复在强调"知见多端丧本真"。不管是在佛经里面，还是在祖语里面，或者是在公案里面反反复复都在说明第一义谛是离言诠的。所以，佛经反反复复说佛法无法；圆满菩提归无所得。一切能得到的或者说是一切的见解都不是第一义谛，比如佛陀在《楞严经》中说：

阿难若无明时。名不见者应不见暗。若必见暗。此但无明。云何无见。阿难。若在暗时。不见明故。名为不见。今在明时。不见暗相。还名不见。如是二相。俱名不见。若复二相自相陵夺。非汝见性于中暂无。如是则知二俱名见。云何不见。是故阿难。汝今当知。见明之时。见非是明。见暗之时。见非是暗。见空之时。见非是空。见塞之时。见非是塞。四义成就。汝复应知。见见之时。见非是见。见犹离见。见不能及。云何复说因缘自然。及和合相。汝等声闻。狭劣无识。不能通达清净实相。吾今诲汝。当善思惟。无得疲怠妙菩提路。

……

佛告阿难。根尘同源。缚脱无二。识性虚妄。犹如空华。阿难。由尘发知。因根有相。相见无性。同于交芦。是故汝今知见立知。即无明本。知见无见。斯即涅槃无漏真净。云何是中更容他物。

比如六祖在《坛经》里面说：

曰："智常到彼，凡经三月，未蒙示诲。为法切故，一夕，独入丈室，请问如何是某甲本心本性？"

大通乃曰："汝见虚空否？"

对曰："见。"

190

彼曰："汝见虚空有相貌否？"

对曰："虚空无形，有何相貌？"

彼曰："汝之本性，犹如虚空，了无一物可见，是名正见；无一物可知，是名真知。无有青黄长短，但见本源清净，觉体圆明，即名见性成佛，亦名如来知见。"

学人虽闻此说，犹未决了，乞和尚开示。

师曰："彼师所说，犹存见知，故今汝未了。吾今示汝一偈：

'不见一法存无见，大似浮云遮日面，

不知一法守空知，还如太虚生闪电；

此之知见瞥然兴，错认何曾解方便，

汝当一念自知非，自己灵光常显现。'"

常闻偈已，心意豁然，乃述偈曰：

"无端起知见，着相求菩提，

情存一念悟，宁越昔时迷；

自性觉源体，随服枉迁流，

不入祖师室，茫然趣两头。"

再比如曹山祖师对纸衣道人的评价：

觉性圆明无相身，莫将知见妄疏亲。

念异便于玄体昧，心差不与道为邻。

情分万法沉前境，识鉴多端丧本真。

如是句中全晓会，了然无事昔时人。

这些都是说我们学佛不能在知见上面做功夫，这些知

见是我们学佛的大敌。祖师们在指导我们做功夫的时候也是一再地强调要抛开知见。比如说："参禅要离心意识参"，比如："只图遮眼"（见日记《只图遮眼》一文）等等很多很多都在告诫我们要抛开知见做功夫。

要不然我们永远是在知识里面打转。这样的话，别说是祖道没有机会触及，佛法也是得不到体证的。甚至有人因为没有戒律作为基础，有的连三皈五戒都不知道，学了一个四不像。这样的人不但是佛门难入，自己走入歧途，耽误自己，还有可能危害社会。

所以，学佛就要认真地从三皈五戒开始。不要认为三皈五戒太简单没有什么可学的，无非是叫人行善，这样是非常危险的事情。很多人喜欢禅宗，觉得禅宗潇洒活泼，因而学佛。这是很好的事情，但要知道这不是一条简单的路，是一条非常危险的路。所谓十禅九狂就是因为没有戒律作为基础而狂起来的。

我们不要光看到成就者的潇洒活泼，我们要是想学这样的潇洒与活泼，要想自己也这样潇洒自在，我们就要按照这些成就者走过的路，老老实实一步一步地重走一遍。我们就要从三皈五戒开始，这样才能把自己的基础打好，不至于步入歧途，耽误自己也耽误别人。

才思敏捷入道难

在与信众交流的过程中，发现很多人才思敏捷，表面上很有智慧。他们的问题大多发人深省，甚至自己早已经有了问题的答案，向你提问只是想印证他的答案。但是他们也和绝大部分人一样烦恼重重，甚至存在不希望问题表露或者说是公开出来的隐私，解决起来实在困难。

因为他们的成见很重或者叫自己的观点很明确，而自己却不知道由这个成见或者叫观点引起来的固执，正是自己堕落入轮回难以自拔的原因。所以，尽管他们在表面上风风光光，事业或是学业有成，但却要比绝大部分人更加可怜，表现为孤独或者常常要思考不断，因而对一些事情需要反复试验。

这样的人学佛很困难，更不要说是参禅入道了。他们表面上可以坐得四平八稳，功夫好像也很快上路，实际上并非如此。因为他们往往是靠自己的意志力维持形象，并不是功夫上路。与他们聊天很容易发现问题，因为他们的内心争斗不休，基本上两三个问题之后就把自己暴露出来了。

这在祖师记载的公案里面有很多，大多归纳为世智辩聪难之列。比如香严祖师，曾经就是一位才思敏捷的人。

他在百丈禅师座下曾经就是一个举一反三甚至是举一反十的人，可是这些知见不能帮助他功夫上路，反而做起功夫来困难重重，在百丈禅师的有生之年都没有觉悟。

因为这些所有的见解都不是自己的见解，无非是别人的口水与知见，是个"为别人数钞票的银行职员"。后来被他的师兄或者叫师父——沩山灵佑祖师炼灭了才思敏捷之心，功夫才得以上路，直到后来的觉悟，成就了历史上的一段佳话，是一个才思敏捷入道难的典范。

这个原因很复杂，但是要从简单轮回的角度去看就很容易理解。因为所谓的才思敏捷是因为他们的知见很深刻，对出现在自己面前的问题判断并做出反应要比绝大部分人快很多。所以，他们遇到问题的时候，往往很快就会搬出原来的"成见"来解决问题。

这就是他们思维的惯性带他们进入了轮回，或者说是偏见带他们进入了轮回，或者说是固执带他们进入了轮回，或者说是……从而他们失去了了解更加广阔世界的机会，他们失去了平等看待这个世界的机会，他们失去了接受新鲜事物或者现象的机会，他们失去了……

而禅修或者说是学佛就是要脱离这些轮回，要脱离这些知见上的轮回，要脱离……乃至要脱离我们对于自己坚固执着的色身轮回。我们要是不放下这些成见，就根本没有机会"入道"，当然也不存在"修道"，最后自然是没有机会"证道"了。

所以，自己如果发现这样才思敏捷的人，很快就把所要求的内容告诉他们，告诉他们要如何去做。然后再采取

"毒手"——上一个对他要求的做法没有做到就不再说话了。有缘分或者说是他们对自己信任的话，自然会找到自己解决问题，没有缘分那就只好等待时机了。

因为，他们拿到答案之后往往是要分析对错、是否有用、是否简捷……因为这些答案绝对是要他们改变他们眼前的价值观，要他们死心塌地去做，必然是他们很难接受的方式。他们利用自己的才思敏捷，经过一通的思考之后，然后做出判断，甚至要等到撞上南墙之后才会回头。

因为参禅修道不是靠思维，更加怕想象。所以，才思敏捷的人入道很难，要比别人吃更多的苦头、要比一般的人付出更多的时间、要比一般的人付出更大的代价、要比一般人……他们要在道的入口处徘徊彷徨、取舍不定，进行更加强烈的思想斗争。

其实，祖师早就有"举不顾，蹉回互，拟思量，何劫悟"之说。这话很明确地告诉我们，就是说有个方法可以解脱，你如果错过了机会自然没有了觉悟解脱的可能。如果你想用思考分别去觉悟，哪怕是动一下这样的念头，你就不知道要等到哪天才有觉悟解脱的机会了。

所以，有人表面木讷实际上是一种福报。他们表面上好像入道很难似的，实际上他们早已经入道了，而且是已经在修道了。他们实际上是已经跨越了入道这一艰苦的门槛。我自己就发现恩师在收徒弟的时候，对这样的人就特别留心。

第六章

科学地应用佛教

对外认识的缺陷

我们对外界的认识是靠我们的眼、耳、鼻、舌、身、意六根来完成，这六根对外界的认识能力有多强，决定了我们对世界的认识程度。我们往往觉得自己的认识能力很强，其实不然，可以这样说，我们六根的认识能力基本上是盲目的，比井底之蛙还要差得多得多。

自己在为别人说明我们的认识能力很差的时候，往往举看不到杯子的背面为例子。比如，我们眼前有一个杯子（不透明），我们只能看到杯子面对我们的这一面，而杯子的背面我们就看不到了。实际上，我们只能看到杯子的三分之一。这和需要三个同步卫星才能完全覆盖地球表面一样。

我们的眼睛只能看到可见光，大约占光谱的7%～8%。还存在大量看不见的射线，如红外线、紫外线、伦琴射线等，我们都看不见。也就是说，我们与瞎子差不多。我们的耳朵也只能听见20～20000赫兹的声波。还有次声波与超声波等我们根本听不见，连海豚、蝙蝠都不如。

我们的味觉、嗅觉以及触觉也是一样，只能分辨很少的几种，而地球上能够分辨几百种甚至上万种的动物比比皆是。我们在味觉方面，远远逊色于狗、熊等动物，甚至逊色于很多种昆虫。嗅觉及触觉也一样。

这样一看，就会知道我们的能力是多么的低弱，从而知道我们的智慧是多么的可怜。我们就是在用这点可怜的智慧盲目自大，是非分别。知道了这些情况，我们更不要盲目悲观，正是因为有这些缺陷，所以我们有修行的空间。我们可以通过修行，延伸我们的能力，所谓修得三明六通。

智慧设计新知识

佛教认为，智慧和慈悲最重要。而开发智慧有几种办法：由定生慧，由经藏生慧，由培福生慧。禅堂就是一个很好的开发智慧的场所。

因为禅堂是禅修的场所，只有进堂禅修，你才能安静下来，甚至得定发慧。所以，这是激发智慧的地方。就算你在禅修中没有什么收获，那么我告诉你，最少最少你的心会变细，从而观察力也会增加。因为你的观察力增加，你就会发现很多别人不知道的东西，从而表现出你的智慧有所增长。

这就是智慧可以通过一些特殊的途径激发出来的原因，尤其是在少数一部分新人身上。因为这些人没有被旧知识限制或者叫污染，他们能够跳出旧知识的框框；或者是通过一些特殊的方式，激发出他们的灵感，显现他们的个性。通过智慧的发挥，把他们的创造力表现出来。

所以，世间的人都希望自己有个性或者说有更多的智慧。但是，他们不知道智慧从哪里来。往往把自己的智慧说成来自自己的灵感，或者其他的方式。这样的智慧，在佛教里面有个名词叫干慧，干慧在没有定力的保证下，是会干涸的，是有尽的。这就是世间希望开发知识的局限性。

世间的教育方式只能让世人学到知识，无法满足人们对智慧、灵感、个性、创造力等的需求。这样一来，人们如果想满足这些需求，就需要新的教育方式或者叫训练机会。禅修作为佛教的一个教育手段，能够满足这些需求。下面我们就从佛教的教育出发，来看看佛教是如何激发你的智慧的。

佛教的教育模式与世间的教育模式正好相反，佛教教育是要先开发你的智慧，而不是传授知识。要怎么做才能开发一个人的智慧呢？当然还是通过教育。但是，佛教的教育方式则正好相反，是要把你的旧知识去掉，然后激发出你的智慧，再由智慧设计出新的知识。

因为佛教有一个尚方宝剑——禅修得定。佛教的教育叫作由戒生定、由定生慧的戒、定、慧教育方式。守戒能够使你的心安静下来，不受外界的干扰，从而可以进行别的修行，比如禅修。通过禅修等手段，使得心进一步安静其至得定，从而激发智慧。这样就把你的个性激发出来，不再受旧知识的拖累。

所以，佛教中祖师的话叫"从门入者不是家珍"，或者说"从门入者非宝"，甚至说"看书只图遮眼"等等。一切要从你的自心流出，不要被旧的知识或者叫成见所限制，或者叫污染。通过禅修得定，把智慧或者叫个性、灵感、创造力激发出来。

佛教中所有的教育方式都是要你放下成见，甚至要你前后际断（就连一点点的知见也要断掉），这样才算一个合格的修行人（佛教叫作让你做回你的本来人）。所以，在佛教里面常常说"知见多端丧本真"。因为一念都不生（一点旧的知识都没有）的时候，我们就能彻底见到了真实的一切。

所以，佛教要我们去掉一切的成见。为什么要这样呢？因为前面也说过了，世间的人是因为成见太深，或者叫被原有的旧知识限制而把自己的智慧遮蔽了。只有通过特殊的训练方式（比如禅修）去掉成见，才能跳出旧知识的框框，达到激发自己智慧的目的。

或者，希望有少数一部分新人（没有被旧知识限制或者叫污染的人），他们不受原有知识的限制，他们的个性突出，他们的智慧比较容易被激发。通过这些人的智慧或者叫创造力，突破旧知识的封锁，产生新的行业，带动旧知识的更新。

而佛教就直接把你的旧知识打死，让你在定力的支持下激发智慧。最后由智慧，再设计出新的行业，去创造新的知识。这一过程当然是通过艰苦的禅修得定，通过师父的严格锻炼，才能把自己的智慧激发出来。

这就是我们常常说的："打得色身死，换得法身活。"这样无须等到少数一部分新人的到来就可以激发出你的智慧。就是在你自己身上去找智慧，因为佛教认为，我们每一个人都具有相同的智慧，只是因为成见或者叫妄想而把我们的智慧蒙蔽了。我们每一个人都是那些少数一部分新人。

这样我们就知道佛教培养人的方式了，就知道佛教为什么很注重禅修了。因为只有通过禅修才能得定，才能激发你的智慧。网络禅堂作为培养这一少数一部分新人的摇篮，作为激发你的智慧的宝地，实在是急需创建出来。这样少数一部分人就不再是少数了，这么多的智慧必然将改变我们的生活、稳定我们的社会、创造更多的财富……

不识好歹善管理

自己说要修"不识好歹"有几年了，有什么心得体会呢？那就是要想彻底"不识好歹"是不可能的。因为要做到"不识好歹"就得破我执和法执，这点来说自己还差得远呢。只能说在现在遇到"好歹"会很快"不识"了。算是叫念起即觉，觉之即无，有所进步吧。

几年前学通了平等的概念后，发现世上本没有什么好歹、是非、善恶等对立可识，一切不过是大家共同生活在一起需要一些规矩。这在社会上叫法律，用法律来规矩大家的生活，有的时候法律还不够，就又加上良心与伦理道德，甚至加上宗教信仰来规矩我们的生活。

在佛教来说就是戒律，因为戒律是在异国他乡产生的，有些不太适合我们的现实环境。所以，祖师们就增加了清规，清规戒律就成了我们现在佛教寺院的管理标准。能够按照这个标准生活的人，寺院就允许他们一起共住，不能够遵守这些清规戒律的人，寺院就不允许他们一起共住。还用一个很好听、很和气的话叫"无劳共住"。

一切是平等的，根本不存在是非、好坏、善恶等对立，充分体现了佛教所宣传的"空性"。因为从"空性"来说，就是一切事物不可能只有坏的一面，也不可能只有好的一面，是一切好与坏、善与恶、是与非等对立的集合或者叫统一。所以，我们如果执着于好坏、是非、善恶等对立，就会吃苦。

这个执着就是我执与法执。我执与法执带着我们对这些是非、好坏、善恶等进行判别，结果就是把我们带进了痛苦的深渊。如果所有的人都不进行判别或者说所有的人都"不识好歹"，那么任何人都是无法生存的。只能说有些人可以少一些判别或者说少一些"不识好歹"，比如独自住山的解脱者，他们相对我们来说，当然显得自由自在很多。

而对于生存在集体中的人，人与人之间的相处需要一定的规范或者说规矩。要是处于集体中的每一个人都很

智
慧的
苏
醒

"不识好歹"或者说很自由，那么结果只能是大家都不自由。所以，对于生存于集体中的人来说，是需要一定规矩的。

因为，从"空性"来说，独自住山的解脱者也不可能完全"不识好歹"或者说自由，因为他们也不可能完全脱离集体。只能说他们可以"不识好歹"多些或者说自由比我们多一些。因为他们也要依赖我们共有的这个"依报"或者说环境。

明白了这些，自己也把这些观念用于现实生活。因为想得到更多的自由和自在，所以就想方设法去"不识好歹"。但又不能脱离实际，所以有的时候就要严格管理，这个平衡就要靠自己去把握。把握得好，你的自由自在就多一些，烦恼自然就会少一些。把握不好，烦恼自然就会多一些。

自己的办法是，如果自己处于这件事情的管理者位置的时候，就严格管理。如果自己不是处于管理者位置的时候就"不识好歹"。如果是处于管理者位置又管不了的时候，就绕道而行，睁一只眼闭一只眼；还是过不去的时候，就双眼都闭上，装聋作哑闷声发大财去，事后再向有关人员反映情况。

因为自己很明白，破坏规矩的人实际上也不是全在做坏事。只是他的行为不能被我们大众接受而已。这就像我们所说的经神病疯子，他看我们未尝不认为我们是经神病疯子，只是我们的观念标准不同而已。当然，为了大众的安全与自由，能管又该你管的时候，就要严格管理。

明白了这些，管不管实际上都没有什么区别。所以，祖宗们有一个很好听的名词叫"匡扶"。其实"匡扶"这个词非常形象，在你快要倒下的时候扶你一把。实际上，佛陀的制戒精神也是按照"匡扶"来的。佛陀制戒不是一次全制完，而是有犯才制。这就是给你最宽松的环境，让你有最大的"不识好歹"机会。

自己这几年就被师父好好地"匡扶"起来，得到了很多的受益（师父管理寺院是提倡自觉、自由、自在的管理办法）。因为管得太死，人就没有活力，失去了禅宗的自由潇洒。一点也不管，就容易让人堕落，用适当的管理力度来"匡扶"，则可以让被"匡扶"的人得到最多的"不识好歹"机会。所以，师父也常常说："规矩不可用尽。"

这在禅堂里面有充分的体现。比如禅堂里面在打禅七的时候，给了监香师打八种香板的权利，同时规定监香师不得做什么什么事情，最典型的要算"不得打回头香板"这一条。这样，给功夫实在有困难的人一条活路，让他们有喘息的机会。要不然就没有人能把功夫练出来了，因为所有的人都是从不会到会的。

对于非管不可的事情，当然这也有很多小窍门，比如小事急处理，大事缓处理，无事莫寻，有事不避，遇事做事，做事了事等等。这能帮助你多些"不识好歹"，少些烦恼。

语言文字难说明

一提到佛经，我们马上会想到这是佛陀所说的话。但是，如果你仔细看佛经的话，会发现还有很多是记载当时的情景，有的是佛陀加持某位菩萨说法，这个时候佛陀往往是以一位听众的身份出现。说明佛经并不完全都是佛陀在说法，有的是记载佛陀说法的场合或者情景。这是很自然的现象，因为只有这样的记载，才能让我们尽量多地了解佛陀的说法。

可是为什么我们一听到佛经，马上只会想到佛在说法呢？当然不能否认佛经主要是佛陀在讲法，但是佛经中的情景描述、人物描述、时间等等的描述是非常关键的部分。这部分就是语言文字难以说明的内容，所以，后人对佛经的集结中，把这部分作为佛经的补充部分记载了下来。

佛经主要是阿难尊者复述的，所以，阿难尊者有启教教主之名。当然，优波离尊者复述了戒律部分，成为律宗的祖师。在佛陀入灭以后，阿难曾经有一次听一比丘诵法句偈云："人生百岁时，不见水潦涧。不如生一岁，而得睹见者。"阿难惨然云："此非佛偈，佛偈云：'人生百岁时，不闻生灭法。不如生一岁，而得睹见者。'"

在阿难的叹息中我们会发现语言文字的悲哀。因为佛陀几次为法舍身，得到的生灭法（诸行无常，是生灭法，生灭灭已，寂灭为乐）就这样被人混淆成"水潦涸"实在很令人悲哀。而且这还是离佛陀入灭不久后的事情，所以，语言文字的难以说明，实在是很现实的问题。

所以，禅宗索性抛开了语言文字，提出了"不立文字，教外别传"的宗旨。当然这里的"不立文字，教外别传"并不是文字上面的意义，因为如果你真的是在这几个字面上去做文章的话，那就真的是在文字上做文章了。因为，从历史上来看，禅宗的文字记载甚至超过佛经数量。

很有意思的是，前段时间看到有一个人批评禅宗的"不立文字"，说中国的文学之所以不能像科学一样发生革命性的转变，就是因为受到禅宗的"不立文字"的影响。因为自己现在没有什么"是非"观，看完只是觉得禅宗真了不起，能够起到左右文字历史的地步，阻碍了文字的科学化，真不是一般的厉害。

其实在佛陀时代，语言文字早已经显现出它的不足之处。比如最有名的"摩羯掩室"、"净名杜口"、"帝释散花"等公案早已把语言文字抛在一边，完全是用情景的描述来表达完整的一切，可见语言文字的缺陷。这也很明白地说明了为什么佛经中用大量的文字来记载当时佛陀说法的情景的问题了。

在佛经中有一则非常有意思的公案记载："外道问佛：'不问有言，不问无言。'世尊良久。外道赞叹云：'世尊大慈大悲，开我迷云，令我得入。'外道去后阿难问佛：'外道有何所证，赞叹而去？'世尊云：'如世良马见鞭影而行。'"这段记载，很完全地描述了语言文字的难以说明。

出示你的结婚证

佛教中的神通本来是很科学的，事实上，神通就是目前的自然科学，只是目前的自然科学能力有限，无法把神通全方位地表达出来。而且佛陀的神通之圆满，按照现代科学的进步速度来看，还需要无穷无尽的时间来表达。现代科学只是表达了佛陀神通的一点点而已。

正是因为目前科学上的缺陷，很多人利用佛教的神通来做一些自欺欺人的事情。按照自己的观点来看，也完全相信他们的所作所为无非是妄想嘛，一切唯心所造，有什么是不可能的呢？但是，如果因为去实现这些妄想而犯戒乃至犯法，那就可怜了！

自己曾经接待过一个信众，她的儿子得了怪病求医无方，全家人都很痛苦。她带着儿子到寺院希望求佛菩萨能够得到帮助。其中到了一个地方，烧了很多的香，然后拜见了一个"高人"，"高人"要她捐一万元钱建"空中的药师殿"，而且这个"空中的药师殿"只有这个"高人"才能接触到。

在她的眼里，这位"高人"真的是神通广大，连"空中的药师殿"都能建起来，她的儿子一定有救了。就把身上所有值钱的东西连带仅有的一点路费也奉献给了这位

"高人"。第二次再去找"高人","高人"说要捐五万元才能把你孩子的病治好，这下实在把这位可怜的母亲难倒了。

自己遇到这样的事情，没有办法，只能翻来覆去地安慰这位母亲。这件事情在当年的日记"皇帝的新装"里面有记载。当时自己的是非心重，还对这件事情很反感。现在如果再遇到这样的"高人"，我会向他要求出示给人看病治疗的行医证和盖建空中药师殿的施工许可证。

遇到这样说自己有神通的人有很多，更多的是遇到很多人说某某是我前辈子的爱人。更有甚者，还有人向自己咨询，与前辈子的爱人同居是否合理？自己实在哭笑不得，的确佛经中也说："一切男人是我父，一切女人是我母。"我们大家都曾经作过父母兄弟姐妹六亲眷属。

自己坚信佛陀所说是真实的，也的确在努力把每一个人都当亲人一样来对待。所以，自己很同情咨询者的困惑，也在努力为他们想办法解决问题。最后，在一通很努力的妄想之后得到的答案是："如果你想和他合法同居，那么就要出示你的结婚证。"

所以，在自己的眼里，有神通的人很了不起，他们能够为大家做很多事情。但是自己更希望这些有神通的人，把自己的神通建立起数学模型出来，让自己的能力合情合理地为社会做贡献。不但把它的使用乃至显现为符合戒律精神，更要符合目前社会的法律条款。否则，不但利益不了人，还会害人害己。即使是存着帮助别人的心念，但是也不能违背戒律和法律啊！

智慧的醒苏

唯心、极乐两净土

很多念佛发愿往生阿弥陀佛极乐世界的人，往往把唯心净土与阿弥陀佛极乐净土混淆，从而对阿弥陀佛极乐净土产生怀疑，降低了自己念佛求往生的信念，觉得这只是心里面的幻觉。所以，念佛的劲头不足，或者觉得念佛不如参禅修密等。这是完全错误的。

阿弥陀佛极乐世界不光是在佛经里面有很详细的描述，是与我们这个娑婆世界（我们真实感觉存在）一样的世界。这不光是在佛说的有关极乐世界的经典里面描述过，而且在大乘了义经里面也说得很多。比如《妙法莲华经》、《华严经》等都有详细的说明。

《华严经》卷四十五如来寿量品第三十一中就写道："佛子！此娑婆世界释迦牟尼佛刹一劫，于极乐世界阿弥陀佛刹为一日一夜。极乐世界一劫，于袈裟幢世界金刚坚佛刹为一日一夜……"《妙法莲华经》卷三化城喻品第七就是讲的阿弥陀佛极乐世界。而且指出阿弥陀佛与本师释迦牟尼佛当时是十六位兄弟中的两个，后来分别在西方世界及娑婆国土作佛。

其他经典里面描述阿弥陀佛极乐世界的地方还有很多，更不要说专讲净土的净土五经里面的详细描述了。这些描述这里无法一一列举，我们这里是想要发愿往生阿弥陀佛极乐世界的人，要明白你们的去向是真实不虚的，不是我们现在所说的唯心净土。

我们日常所说的"去唯心净土，见自性弥陀"是一种方便。是我们参考阿弥陀佛极乐世界的环境，看看我们的修行功夫与见地是否达到了能去阿弥陀佛极乐世界的水平了。如果我们连这个水平还达不到，就想着开悟或者成佛等等那就是有问题了，就要好好反思一下了。

能够做到活着就"去唯心净土，见自性弥陀"的话，说明我们的修行达到了一定的水平。就能在我们这一期的生命还没有结束的时候，活着就能生活在唯心的极乐世界里面，那么我们这一期生命结束的时候，我们要是想去真实不虚的阿弥陀佛极乐世界就有了保证。这个时候要想去别的地方才有可能。

这时候就有希望做到天堂地狱一个样，十方世界任遨游。这种功夫当然是人人向往的，每一个人都希望能够做到这样。但是，现实生活中，能够做到这样的人毕竟是少之又少。

在我们做不到"去唯心净土，见自性弥陀"的时候，我们中的有一部分人希望在这一期的生命结束以后，去阿弥陀佛极乐世界，这也是很好的。这样的人就要在这一期的生命还没有结束的时候，好好念佛，发愿往生阿弥陀佛极乐世界。希望将来在阿弥陀佛极乐世界这个好的环境中修行成佛。

真、俗二谛要分清

这几天与北京的朋友交流的时候，发现大家水平都很高。尤其是有一部分人对教理很熟，功夫也做得很好，但是烦恼还是很多。他们的烦恼主要来自于学得教理太多，不知道要如何运用了。遇到境界的时候，千思万虑，不但费尽心思，还往往因为没有分清真、俗二谛的法门，得出错误的决定，真是冤枉。

这就好比自己的衣服，很多人衣服很多的时候，往往就觉得没有衣服穿了。他们并不是因为没有衣服，而是因为衣服太多，不知道该穿哪件好了。甚至因为想得太多，钻进牛角尖，或者因为要配合某个自己喜欢的装饰品（因为自己的无知或者叫我执），而穿出与现场不协调的衣服，这真的是很冤枉。

衣服当然是越多越好，这样选择的机会就会多一些。所以，自己从不干预人们的生活水平提高，生活条件在提高这是令人高兴的事情。但是在物质生活条件提高的时候，我们的精神生活水平要跟得上。否则，我们就会陷入衣服越多越没有衣服穿的尴尬。

佛教的教理也是一样，当然是学得越多越好。这里面也同穿衣服一样，存在一个运用的问题。如果处理得好，自己就会觉得运用自如，如果处理不好就会不知所措。尤其是对真、俗二谛分不清界线的时候，甚至会做出错误的运用，这就是我们平常所说的"恶慧"。

比如，我们打坐的时候，我们往往腿子很疼。每一个人都有自己的对付方式，目标大家都很明确，希望不要动，能够熬过去。自己在与大家交流的时候，有一个人就说通过思考缘起性空等一系列的教理分析，最后得出一切皆空，那么放下腿子也是空，所以，他很快而且理所当然地把腿子放下来了。

这是典型的"恶慧"，这个"恶慧"是怎么来的？自己为他分析了一下。就是因为真、俗二谛没有分清楚，他把真谛中的空运用到了俗谛的做功夫（以妄治妄）上来了。这就好比参加一个牛仔摇滚晚会，你却穿得西装革履，当然你想抬脚伸手都是别扭的了。

其实，他得出的把腿子放下来的结论，很大的原因是在为自己腿子疼做开解。追根究底是因为想摆脱自己现在很难熬的腿子疼问题（好比穿衣服的时候因为喜欢某个装饰而失去理智）。因为他的选择机会很多（教理懂得很多），所以，他就有机会为自己的错误决定找借口，这是典型的"着空而废善"。

所以，我们在还不会的时候，还是应用神秀大师的"时时勤拂拭，莫使惹尘埃"来得好，这样最稳当。当然你如果能做到功夫就是铁扫把，一切都能扫干净最好。但是，我们在还没有能力的时候，还是老老实实地去做。在真、俗二谛分不清的时候，就先从俗谛做起，把真谛先放一边，去时时勤拂拭，莫使惹尘埃。

显密双修有俱胝

有人问可不可以显密双修，这里介绍一位历史上很有名的显密双修的人——俱胝和尚。可能说俱胝和尚没有多少人知道，但是一说"一指禅"大家就都知道了。俱胝和尚本是修密的，而且是专修准提咒的，他就利用他的所修来利益世间。后来因缘际会而去修禅，而且开悟，得到"一指禅"的传承。

俱胝和尚因修准提咒（稽首皈依苏悉帝，头面顶礼七俱胝。我今称赞大准提，惟愿慈悲垂加护。南无飒哆喃.三藐三菩驮. 俱胝喃. 怛侄他. 嗡. 折隶. 主隶. 准提. 娑诃）而得名，并且以此利益世间。后来学天龙和尚的"一指禅"而开悟，天龙和尚是大梅法常禅师（马祖道一的弟子）徒弟。

俱胝和尚的开悟过程非常有意思。他刚开始住庵的时候，有一位比丘尼师父，名叫实际，前来参礼。她戴着斗笠，手执锡杖，围着俱胝和尚绕了三匝，说道："道得即下笠子。"如是问了三遍，俱胝和尚均无言以对。于是，尼师拔腿便走。

俱胝和尚道："日势稍晚，何不且住？"尼师道："道得即住。"俱胝和尚又无言以对。尼师走后，俱胝和尚慨叹道："我虽处丈夫之形，而无丈夫之气。不如弃庵，往诸方参寻知识去。"当天晚止，山神告诉他说："不须离此。将有肉身菩萨来为和尚说法也。"

过了十多天，果然，杭州天龙和尚来了。俱胝和尚连忙顶礼迎请，并把实际比丘尼前来问难之事，详细地告诉了天龙和尚。天龙和尚听了，随即竖起一个指头给俱胝和尚看。俱胝和尚当下大悟。从此以后，前来参学的人，凡有所问，俱胝和尚都竖起一个指头来接引，没有什么其他的言语提唱。

当时，俱胝和尚手下有位供过童子，生得非常机敏灵利。他经过长时间地暗中观察，发现俱胝和尚接引所有的信众，都竖起一个指头，因此他觉得接引人挺容易，并不是什么难事。于是私下里，常常趁俱胝和尚不在家，凡有人前来参问，也学着俱胝和尚的样子，竖起一个指头。

天长日久，大家都知道了这件事情，于是就告诉了俱胝和尚，说道："和尚，童子亦会佛法，凡有问，皆如和尚竖指。"俱胝和尚听了，决定勘验一下童子，看他是真会佛法还是假会佛法。

于是，有一天，他在衣袖里暗藏着一把刀子，把童子叫到跟前，问道："闻你会佛法，是否？"童子回答道："是。"俱胝和尚便问："如何是佛？"童子便竖起指头。俱胝和尚突然从袖子里拿出刀来，以迅雷不及掩耳之势，削掉了童子的指头。童子负痛，嗷嗷地哭着，从方丈室往外跑。

这时，俱胝和尚在后面大声地召唤童子的名字，童子便回首看。俱胝和尚问："如何是佛？"童子一听，本能地举起手，却发现指头不在，当即豁然大悟。于是，俱胝和尚便把自己的法传给了童子。俱胝和尚临入寂的时候，曾告诉徒众道："吾得天龙一指头禅，一生用不尽。"

天地与我同根

　　这几天接待的客人里面有一个人提出一个很普遍也很尖锐的问题，那就是这期生命结束的时候，我们是以什么方式存在。这个问题要回答也很容易——佛教里面讲是以中阴身存在。但是中阴身对于现代科学教育出来的人很难解释。世间有个灵魂之说，西方甚至有科学家称过灵魂的重量，但是我们既看不见中阴身，又看不见灵魂。所以很难有一个让他满意的答案。

　　这是因为我们顽固地执着于有个时间和空间这个"法执"。因为这个"法执"自己就把自己限制在这个时空里面去了，从而不得解脱。现代科学认为一切事物都在这个空间中以物质或者能量的形式存在，物质和能量可以互相转化，并且有物质不灭定律，世间最快的速度是光速。

　　而佛教告诉我们的是无始终，无内外，强立名，为法界。无始终，在《肇论》里面就是天地与我同根，无内外就是万物与我一体。天地与我同根就突破了时间的概念，万物与我一体就突破了空间的概念。其实我们的思想本身就突破了时空这个概念，因为我们的思维速度超过了光速，我们的思维范围可以超越空间。只是我们平时受到了时空这个"法执"的限制而意识不到。

佛教本来就是超脱了时间和空间的概念的，比如佛教说的一念之间能从一佛国到另一佛国。因为现代科学不完善，我们无法理解而已（这很正常，比如科学家没有发明显微镜以前，佛陀说一钵水中有无量的微生物，很多人一样无法理解）。所以，在我们有"法执"的情况下，只好又用一个"法界"来定义我们存在的区域，有点像刚出狼窝又入虎穴。

所以禅宗的祖师对此不以为然。比如赵州和尚和他的徒弟有这样的对话：

师示云，未有世界，早有此性。世界坏时，此性不坏。
僧问，如何是此性。
师云，五蕴四大。
云，此犹是坏，如何是此性。
师云，四大五蕴。

那么到底我们死后以什么样的形式存在呢？是物质还是能量？这个问题实在让佛教徒很难回答。因为佛教认为从无始以来就没有生，怎么会有死呢！《心经》上也说："是诸法空相，不生不灭，不垢不净，不增不减。"这里好像就谈不拢了，有了一个断层。

老和尚也就这个问题给我们做了开示。他说我们是以心念而存在，我们的心念，念念相续，延绵不断。心念是一个很好的中介，因为我们的业力等等完全可以用心念来延续，如果信得及问题也就结束。可是这个客人的时空"法执"很大，在我们的私底下接着又问，那么心念是物质还是能量？

很明显从佛教的角度解释是，既是物质也非物质，既是能量也非能量。但这样对他说一定是不能让他满意的。所以自己就用测不准来解释，因为物质分到最小的时候表现出的特性是测不准。也就是说物质在这么小的时候，一会儿表现为质量，一会儿表现为能量。

所以你说这个心念是质量还是能量？所以这个心念既是物质也非物质，既是能量也非能量，而《心经》里面说的"是诸法空相，不生不灭，不垢不净，不增不减"也完全吻合了物质的不灭定律。同样用这个解释可以解释"万物与我一体"，也就是《佛教三字经》里面的"无内外"。这个时候再解释佛陀现在是以什么方式存在也很容易了。

其实自己心里明白，这个解释都是多余和不完善的。但是，为了让固执于时空"法执"的人脱离自己的误解，不得不勉为其难。因为，佛教里面说的"非一亦非异，非常亦非断"等名词，都是这个道理。只是我们被时空这个法执套牢了，很难去理解而已。如果将来我们悟到"天地与我同根，万物与我一体"，那么一切就都明白了。

平等普显现　无诤和共住

我们出家人住的寺院是以平等、六和合来管理的。六和合就是身和同居、口和无诤、意和同解、戒和同修、见和同悦、利和同均，所以叫"无诤和共住"。今天和大家讲讲"平等普显现"，这个"普"字可能知道的人不多，就是说寺院以这个"普"字来体现佛教的"平等"原则。

因为寺院是按照平等的原则操作的，这从六和合里面也能体现出来。佛教一再教导我们一切是平等的，不存在二元对立，我们修行就是要去掉二元对立。所以寺院也就一定要体现出"平等"这个原则来。在寺院里面如何体现平等？这就从"普"字上能看出来。

我们平时做佛事叫普佛。这个"普"就是平等，普佛就是平等地供养、礼敬诸佛。所以我们常常会看到寺院挂普佛（随早课或者随晚课）的牌子，意思就是今天早课或者晚课有功德主要做普佛的佛事。

有的时候会看到挂普茶的牌子，这个"普"字就是平等，这个牌子就是说，今天平等地供养，所有在寺院里面的人喝茶；有的时候会看到挂普供的牌子，这个"普"字也是平等，这个牌子是说，今天平等地供养，所有在寺院里面的诸佛菩萨，为他们上供……

还有普请，这个说法现在不多见了，现在改叫出坡。因为一般寺院在山里面，有地要种，而所种的地一般在山坡上，所以大家到山坡上劳动就叫出坡。古代叫普请，就是请所有在寺院里面的人做事情。这个"普"字也是充分体现了平等。

还有一个叫普说，现在叫讲开示，这个开示是讲给所有在寺院的人听的，所以叫普说。古人有记载："普说首出于真净和尚。三佛以来皆有普说。无非怒骂呵咄鞭策诲励。使其大心衲子。勇于进工。"

所以说寺院的平等就在这个"普"字上显现出来。自己就取了一个名字叫"平等普显现、无净和共住"，这充分体现了寺院平等、和合共住的原则。下面我们看一段圆悟佛果禅师的普说。

一向据令而行。呵佛骂祖截断众流。直得释迦弥勒文殊普贤退身无路。临济德山赵州睦州目瞪口哕。千里万里无片云。拟议不来三十棒。恁么举唱。本色衲僧愈生光彩。后学初机无摸索处。一向垂慈落草。立问立答存主存宾有始有末。三玄戈甲中论諞讹。四种料简里别皂白。丝来线去照用双行。各各脚跟下只推明一个大机。唯此一事更无余事。恁么举唱。后学初机通一线道。其奈取笑衲僧。恁么中有不恁么。不恁么中有恁么。权实双运照用并行。佛祖諞讹离名绝相。不守窠窟单明向上一路。犹是寻常茶饭。更或打翻许多露布。则上是天下是地。山是山水是水。僧是僧俗是俗。都无许多得失玄妙。又落在无事甲里。四种

为人。向此时为诸人都拈却。且道毕竟如何。所以道。欲
识佛性义。当观时节因缘。时节若至其理自彰。只如即今
时节。大檀越设斋已了。升堂已了。忏罪已了。荐亡已了。
更教山僧说个什么。若能不以眼见。不以耳闻。不以意想。
不以口说。则千里万里见诸讹。千句万句都穿却。恁么会
得。可以通彻古今。更须知有向上事始得。敢问大众。作
么生是向上事。万古碧潭空界月。再三捞摝始应知。

普贤妙有般若空

很多人因为佛教中一会儿说"空",一会儿说"有"
而越学越迷惑。这是因为他们对"空"这个字的理解有问
题,很多人一说到"空"就认为是什么也没有,这是大错
特错的观点。自己曾经把"空"总结为"不稳定地存在",
如果能够理解什么叫"不稳定地存在",那么,就好理解
"空"了;同样就不会因为一会儿说"空",一会儿说
"有"而迷惑了。

在佛教里面常常用"无常"或者"空"来描述我们的
世界,"无常"是什么?很简单,字面上的意思就是"不
稳定"啊!要是明白一切是"无常"的或者说是"空"
的,那就是佛教里面所说的般若智慧。用"不稳定"来套
用说,就是世界是不稳定的,所以,事物是不稳定地存

在的。

不管怎么短暂，怎么"无常"，怎么"空"，毕竟事物有它存在的一刻，这一刻就是"有"。如何让这一刻成为我们喜欢的，或者按照我们喜欢的方式发展，这就是我们所说的"妙有"。可惜的是，在我们这个娑婆世界的现实生活中，我们的"有"，"不妙"是苦多乐少，所谓不如意事常八九。

如何改变这一状况，这就是我们人生的意义所在，这就是我们学佛的目的。因为事物是"无常"的，是"空"的，所以，事物有可能被改变。如何善用其心，善待一切地去改变它，使得我们这个有限的人生，产生最大的意义，佛教里面有一位菩萨做得特别好，那就是——普贤菩萨。

所以号称经中之王的《华严经》和《法华经》，都以普贤菩萨的行愿为重点。很简单，这两部经都是告诉我们华藏世界的样子，要如何去认识这个华藏世界，为什么会有这样的华藏世界，以及如何去成就这个华藏世界等等。只是前者描述的偏多，后者指导成就的方式偏多。

普贤菩萨就是充分掌握了"空"的道理的人，所以，他智慧过人。他所提出的十大愿王就是我们生活的指路明灯。因为"般若空慧"人人具备，只是能使用的程度不同。普贤菩萨达到了任意使用的程度，我们自然要向他学习。我们现在之所以有迷惑，就是因为我们还没有完全了解"般若空慧"。

其实，社会上很多不知道佛教的人，实际上也在行普贤行愿式的菩萨道。但是，要他们再深入一些就做不到了，一旦涉及"我"的利益，就投降了。当然也有"无我"的人，但是往往很不彻底，因为智慧有限，所以并不知道如何才能真正地、最大程度地利益众生。

两大经王都在讲普贤行愿，不管是禅宗还是净宗都把《普贤菩萨行愿品》列为自己最重要的经典。因为只有在具有了"般若空慧"的基础上，你才能真正地去按照普贤菩萨行愿的方式去做，才能按照佛陀告诉我们的以无我的智慧去铺排这个世界，去帮助众生。

禅修好处科学说

今天我们从科学的角度，分析一下禅修为什么会有这么多的好处。

在瑜伽论坛上《静坐的科学》一文中说："科学家发现当一个人以莲花坐姿坐着时，即使不静坐冥想，他的脑波也会立刻从 β 波变成 α 波。这种转变，表示一个人的心灵变得较平静。"这跟我的体会是一样的。所以，即使我不禅修，我也把双腿盘起来。

文中说："当我们静坐时，会发现一些不纯净的思想在我们的脑中浮现。一个粗糙的心灵（意识心灵）是骚动不止的。它透过五个感觉器官（眼、耳、鼻、舌、皮肤）和五个行动器官（声带、手、脚、肛门、生殖器）四处游动，

智慧的苏醒

就像十匹野马一样。"打过坐的人都会有同感，因为他们都有过同样的经历。

在这里我想说的是，我们的情况还不光是这些，我们的妄想远远不止这些，要比这多得多。很多人说，一上座后，眼一闭，眼前就像看电影一样什么都有，乱七八糟的妄想多得不得了。自己的比喻是我们进入了另外一个安静的世界，在这个我们很少来的世界里面，我们会发现很多新的情况和问题。

在这个新的世界里面，我们有机会认识很多自己不了解的事情，去发现很多平常被我们忽略的问题，从而找出对治的方法，去解决这些问题。这样一来，你自然要比别人技高一筹，因为别人只有一个世界，而你可以有多个世界。

实际上这就是文中后来说的："根据现代医学的实验：当熟练禅或瑜伽静坐的人静坐时，他们的脑波是连续的 α 波；当一个人从事理性思考或忧虑、紧张时，他的脑波则大部分是 β 波。β 波有较不规则的节奏。α 波是表示一种无焦虑、无紧张的状态，当一个人轻微静坐时，他的脑波会从 β 波转成 α 波。一般人在睡觉时才会有 θ 波产生，但在较深沉的静坐时，脑波大部分是 θ 波，且与潜意识心灵相关联。"

我们进入了另外一个新的世界，或者叫潜意识心灵感应的世界。在这个世界里面，我们会激发出潜意识，从而生发出更多的个性，更多的创造力，更多的……当然，对于我们禅修想开悟来说，我们把这些叫作妄想，是要被丢掉的。因为我们只有努力再深入下去，才能完全把智慧激发出来。

眼前激发出来的个性、创造力，我们叫路途风光。这些路途风光对于要开悟的人来说，是不值一文的。不执着于路途风光，再深入下去，就会见到本地风光。

文中接着说："当静坐变得更深沉时，θ 波将会变成 δ 波。透过静坐的训练，头脑将被有系统地再造成为较健康、较协调的状态。科学的实验证明，静坐可减少沮丧、压力、冷漠、头痛、失眠和心不在焉，且能增加注意力及记忆力。自主神经系统（控制人体内部机能的部分神经）是与人脑的下视丘相连，它是由中脑的边缘系统控制。静坐能影响一个人的中脑，并且稳定下视丘及人的情绪。"

这些跟自己以前说过的好处完全吻合。自己就是因为静坐稀里糊涂地鼻窦炎没有了，就连多年的高血压也稀里糊涂正常了。自己经过这几年的禅修，记忆力超过了年轻（上大学）时候，背书和记东西现在反而更加容易。从身体方面来说，现在的身体是整个人生中感觉最好的时候。

不管多么劳累（现在的劳累程度要比出家前的劳累程度大多了），自己只要经过一定时间的打坐，就能完全恢复。这在自己的日记中是经常说到的。比如最近写的"过年心闲身不闲"，像过年这样的劳累法，要是在过去早就病倒了。还有很多很多这样的日记，大家有兴趣可以去找来看。

禅修可以提高注意力，这在自己的日记中提到的次数最多。这是很明显的好处，这下有了科学的依据，大家应

智
慧
的
醒
苏

该会更加喜欢禅修了。因为谁都知道制心一处，无事不办，但这是为什么，可能知道的人就不多了，能通过科学的方式来解释，这在自己也是第一次看到。大家有兴趣可以找"静坐的科学"一文来看看。

四禅八定方便说

四禅八定在佛经里面讲的地方很多，因为语言定义的关系很难理解。这里是用现代语言描述的四禅八定，仅供大家参考。

佛陀说我们这个世间可分成三界：欲界、色界和无色界。欲界有种种欲望，且没有定心；色界和无色界都要依靠定力进入。我们在欲界里修禅定，其中一个目的就是要离欲界而进入四禅八定。

我们要进入四禅八定之前，必须先修习一些在欲界里的基本的定，真正来讲有欲界定和未到地定两种。修欲界定先要坐禅，在坐禅的过程中，我们可依心态的不同而分成几个步骤：

一、粗心住

刚开始静坐的人，心很散乱，越坐杂念越多，控制不了。同时坐得腰酸腿痛，身体不正，东倒西歪，这是因为平时我们的身体弯曲惯了。有些人的身体不会歪斜，是因为他用精神去控制，把身体扶直，这是有心去造作的，而且连呼吸也不顺畅。

这样，我们就用数息观、不净观、慈悲观等等方法使心定下来。过了一段时间，身体会慢慢调好，呼吸也渐渐顺畅起来，心念也就越来越细。这种定称为粗心住。进入粗心住时，杂念减少。然而，杂念少并不等于定，只是不再胡思乱想罢了，但是心念还会在六根门头跑来跑去。

二、细心住

这时候的心念已经很微细，身体不必用心力调正，自动平衡，已经习惯了，而且坐久也不疲倦，这就是所谓的持身法。所有有静坐经验的人，如果静坐半个钟头、一个钟头后身体就很疲倦，那就是还没进入细心住，在进入细心住时，身体就自动调正，而且坐久也不疲劳。如果继续坐禅，深入定的话，就能进入真正欲界的定——欲界定。

三、欲界定

平时我们要用心将妄念捉回来，进入欲界定后，不必加以控制，妄念也不会生起，而且心念自动平稳，不必用心力去调整它，此时心任运不动。进入这种定后，就能够整天坐禅。以上三种定还不能称为真正的禅定，只能称为普通的定。

四、未到地定

进入欲界定后，继续修下去，到了某个时候，忽然间你感觉到失去身体的感受，看不到欲界的身体，感觉到整个身心不见掉。这种感受是在静坐时发生的，而不是打开眼睛来看。有了这种感受之后，身体就不会因失调而生病。

智慧的苏醒

因此，一个坐禅的人，若要身体没病，至少要达到第四步骤，即进入未到地定。

但是，有些人静坐时，心无所知地昏昏沉沉，他也以为自己的身体不见了，这不叫未到地定，而是他的心念不知去了哪里。若要达到未到地定，必须达到欲界定，即是心不必控制，自动就静下来；在这之前，必须完成第二步——细心住，就是身体不必调整，自动平衡，所以我们修习禅定要从粗心住、细心住、欲界定一步一步地进入。只有这样，才能进入真正的禅定，即初禅、二禅、三禅、四禅。

五、初禅

一个人进入欲界未到地定后，继续修出离欲界心；如果他的定力越来越深，原本静下来的身体，慢慢地会感觉到又再动起来。这种动触有八种不同的感觉，即冷、暖、动、痒、涩、滑、轻、重；最普通的就是感觉到身体动起来。这时候，他的心已离欲界，那就要进入初禅了。

有此感觉之前，必须先要静坐几天，或是坐禅相当久时间后，有很深的定力，在定中感觉到身体不见了；慢慢地又感受到身体再度动起来，就会产生一种触的快乐，也就是身心内外感受到很舒服，很宁静。初禅以上不须分段食，故无鼻、舌二识，唯有眼、耳、身、意四识。进入初禅者没有鼻、舌二识，所以鼻子嗅不到外面香、臭等气味；舌头也感觉不到甜、酸、苦、辣等味道。这时候，他已舍离欲界里的五欲，不再贪财、色、名、食、睡。他也能除掉贪、嗔、睡眠、掉悔和疑五盖。

初禅有五种特点，称为五支，即：觉、观、喜、乐、一心。

觉：身体接触外境的感受。此时的知觉是初禅的心态，并非欲界的知觉。

观：内心的观察。觉与观也翻译成"寻"与"伺"。它们的差别是：觉是对境比较粗的心念；观是内心比较细的观察心念。

喜：内心欢喜的感觉。进入初禅者，第一次发现自己已经进入初禅，出了欲界，全无欲界的烦恼，在定中内心很欢喜，那就是喜。

乐：身体的五根所感受的快乐。比如：冲凉后身体感受到舒服的感觉；在坐禅时，进入初禅的时候，身体会有很舒服的感觉，那就是乐。所以进入初禅也称为"离生喜乐"，意思即是因为出离（欲界）的心升起喜欢与快乐的感觉。

一心：心在定境中保持不动。一心也翻译成"心一境性"。

六、二禅

当一个人进入初禅后，继续修下去就会发现觉、观的心念很粗，所谓"觉"就是对境物的感受；"观"就是起种种的思想。比如说你感觉到身体上有发生变化，你升起思想，知道它在做什么，这就是觉、观。这种觉、观就是我们的心念在想东西；这样的想念很粗，他又想把这个粗的心念舍弃，因为它也是一种烦恼。当他把觉、观的心念（寻、伺）舍去后，就会慢慢进入无觉无观（又称为无寻无伺）。这时，他的心静如水，处在清明的状态，内心一片平静，很清净，这叫内静，与初禅的觉身宁静有所不同。

由于二禅是无觉无观，他的内心再也不去思维和判断所接触的境界，不起语言的分别，因此这种定也叫"圣默然定"。一个人进入二禅之后无眼、耳、身识，唯有意识。

二禅有四支，即：内静、喜、乐、一心。

内静：内心平静，感觉到内心很清净，再也没有语言的构思了。

喜：离开了觉、观，离开了语言，内心欢喜。我们内心一念一念地想，虽然口没说，但是，是以语言的方式来想东西：中国人是用汉语来想，英国人是用英语来想。初禅有觉有观，是用语言来想东西；而二禅离开了语言的想象，发现没有语言的烦恼，他觉得很高兴，称为"喜"。

乐：身体宁静与内心平静，他感觉到很快乐。喜与乐的差别：身体感受乐后，内心起欢喜。

一心：也就是"定"。进入二禅的人，定在二禅的定境中，保持内心的平静。

七、三禅

当他继续修到三禅，心远离喜的躁动，就会进入更深的定，他会感受到另一种乐；初禅是舍离欲界而快乐，故称为"离生喜乐"；二禅是默然之"定生喜乐"，三禅之乐称为"离喜妙乐"。此定中之乐是与外境无关，是由内心发出的快乐。由于三禅以上没有乐受，故经中常说世间之最乐是在三禅。

当一个人进入三禅后，唯有意识在产生作用。三禅共有五支，即：舍、念、智、乐、一心。

舍：舍掉喜心。

念：念念分明。

智：有正知。"正知"即是以真正的智慧观察事物的真相，又称为"智"。三禅中的修行者，都能很正确地观察到这个世间，称为正知。而我们凡夫是靠过去的回忆来分别判断事情。

乐：因舍离二禅的烦恼而感受快乐。因三禅以上没有乐受，故世间最乐是三禅乐。

一心：他定在三禅的定境中。

八、四禅

进入三禅后，修行者继续修下去，就会发现三禅所感受到的快乐还是一种苦患，他要心无牵挂，连快乐都要舍离。如此，他的意念清净到极点，呼吸完全停顿，心完全不动，因此四禅也称为"不动定"。初禅至三禅的心念一直处在动中，进入四禅后，心如明镜不动，清净明朗；心念不动并不表示心没作用，而是它能停留在一个境界里，观那个境而心不动。在四禅中，唯有意识在产生作用。

这四种定都还在色界，没有舍离色身。如果一个人进入四禅，他所修学一切事皆随意成就，乃至他要修神通，立刻就能够修成五神通。定能发神通，然而在四禅中修学是最有成就的。这里的神通并不是像一些人与鬼神的感应，这是内在自发的能力，因为心定，所以能够发通。

四禅共有四支，即：不苦不乐、舍、念清净、一心。

不苦不乐：内心不是喜，也不是乐。

舍：舍掉三禅的乐。

念清净：已经没有妄念，但动起念头也可以，全由个人做主，称为念清净；我们凡夫的妄念纷飞，它时时刻刻生起；妄念生起后，我们的心随境转，做不了主。

一心：心定在四禅的定境中。

以上四种禅定还是没有舍离色界。如果修行者觉得有色身很麻烦，想舍弃它，那么就要修习更深的禅定，如：空无边处定、识无边处定、无所有处定和非想非非想处定。

九、空无边处定

一个人若想把色身舍掉，他须把种种色想灭掉，灭掉色想与有对想。色想是因眼识而生起的，有对想是由鼻、舌、身与耳识而生起的。在四禅中做"空"想，既是没有色（物质）与欲（欲望），而把一切都观空，当他把这个"空"想完成后，他就远离色地而进入空无边处定——出色界。他感受到没有色法，故空，没有所谓的边沿，所以称为"空无边处定"。进入此定，并不表示他的心没有任何作用，他还有受、想、行、识的作用。

十、识无边处定

修行者继续修习禅定时，他会发现空无边处定的空想也是一种苦，因为他是一种想，表示他还有心念。要减少这种想，他需要思维现前的心念，观察现前的心识作用，保持心识的知觉，念念不离知觉的心，而一心缘识。这个心识也会产生作用，使他发现无量无边过去和未来的心识，这就是所谓的识无边处定了。进入此定者抛弃了"空"想，只保持现前一念知觉的心识，实际上，识无边处定还是有想，只是这种想很细微，与空无边处定的空想不同。它们的差别是：空无边处定中的想是故意作"空"想。而识无边处定中的想是抛弃"空"想，进入另一种定——识无边处定。因为它观察现前的心识作用，是有细微的想，并非无想。

十一、无所有处定

如果继续修下去，修行者会发现心识还在产生作用，而生起讨厌之心，因此想舍弃它，想进入无所有处定。他认为：如果有一个地方完全没有心识作用，这种定才是最安稳，最快乐的。它就观想这种定，并非作"空"想，也不是依识，而是他一心念无所有。在定中，他或认为他没有想了，但实际上并非如此，而是他的心念非常细微，意识中的法尘就是无所有的法尘。

在无所有处定中，其他的想不生起，没有种种的心想的相，不分别所有的东西，只是分别无所有，一心定在无所有的法尘中。第六识还在产生作用，集中在观想无所有法，所以称为无所有处定。

十二、非想非非想处定

修行者继续修下去，又会发现这个心念很粗，他不要一切有、无所有，即有想、无想他都不要。因为空无边处定是空想；识无边处定又作识想；无所有处定他认为无想，实际上是有很微细的想；他以为在无所有处定之前的定都是有想，而只有无所有定才是无想。他是要进入没有"想"，也没有"无想"，既是非想非非想处定。在无所有处定时，他还有一个定境，但进入非想非非想处定后，连定境都消失了。但是第六识还有非常细微的作用，但是他

智
慧
的
醒
苏

不知道，乃至他有第七、第八的心识在作用。

禅修的科学实验

在网上看到一篇英文的禅修报告。因为没有完全翻译完，又只提供了一部分，自己感觉不放心。所以，自己后来还是花了一点时间，找到了这篇对长期禅修者所做的科学实验的报告原文。

有关佛教的科学实验太少了，自己虽然有兴趣，也愿意配合这些实验，但是没有机会接触到这些事情。所以，也一直没有实现这些兴趣。因为佛教里面可以研究的东西实在太多太多，光是经典里面可以落实分析的东西就看不完，更何况还有那么多的祖师精辟见解。

我把自己看这篇原文的感想和认识供养给大家。这篇实验报告全文主要是分成整体（abstract）、方法（methods）、结果（results）与讨论（discussion）四个部分。当然作为一份完整的报告，它把整个实验的来龙去脉也说得很清楚，这里主要是看看这四个部分。

首先，这份报告报告了这个实验室的情况、参与实验的科学家情况、参与实验的目标人员情况（长期禅修人员和刚学一周禅修的人员），以及方法等等。这主要是证明这份报告的真实性、可对比性和可靠性等等，是一份很经典的实验报告，自己以前也是常常写的。这样大家就知道这

235

个实验是干什么的了。

　　从整体来说，这份报告主要说长期禅修或者叫冥想的人，他们在禅修或者说是冥想甚至是平时的时候会诱发脑电波 γ-波段振幅和相位同步，并且振幅持续在高位。这跟一般人的脑电波 γ-波段振幅和相位有很大差别。这导致这份报告后来所说的结果。

　　从方法上来说，他们选择了八位长期禅修或者叫冥想的修行人来采集数据。这些修行人的禅修时间在 1 万至 5 万小时。另外一组人是刚学了一周禅修的人。根据目前医学上对于肌肉放松、心态安静等项目的脑电波数据来做比较，主要测试他们在放松状态下的广普脑电波各项指标，观测脑电波 γ-波段振幅和相位同步以及振幅情况等等。

　　结果发现，有长期禅修或冥想的人脑电波 γ-波段振幅很高；他们的脑电波 γ-波段振幅和相位同步等数据很突出。这从目前医学对于人们的心态数据来说，就是这些人比较容易放松，心态比较容易平稳，对于各项心理问题的出现和承受力都有很大的不同。

　　最后他们对这些情况进行讨论。这个用词很有意思，他们是用 discussion，表明不是权威的确定，只是对这些神秘的情况进行讨论分析。这里着重指出了禅修的时候和休息的时候数据是不同的；安静的深度跟年龄、身体等因素关系不大，而是与以往禅修时间的长短有很大的关系。

　　最后的结论是因为各种未知的因素太多，所要观测的内容还不是很明确，很多数据只是根据以往的经验和目前医学的标准来进行，这些数据只能提供一个很粗的范围的研究（很不明确），这个实验只能提供给将来深入研究的人作为一个参考……说白了就是一个很不成熟的实验。

这就是我自己看这份报告所得到的结论，因为科学家对禅修了解得太少，要想一时半会儿就把禅修进行量化实在是太困难了。再加上因为我自己的英文太差，又全是生字看不懂，翻字典也得不到很明确的解释。好在现在找到了原文，大家有兴趣可以去看，这里就把这份报告描述出来。

不过这个实验目前对于禅修或冥想来说是很全面的分析了。虽然是依赖于心理学的范畴内来做的实验，很多数据量化依赖于心理学的范畴，而心理学的量化本身也还在完善之中，必然会有很多不确定因素。尽管这样，这个实验也是有很多突破的地方。

因为，以前从来没有人做过有关禅修人员心理量化的实验。这样的事情，在历史上来说还是第一次。因为感性的东西要想进行量化，无论是在指标，还是在经验上都是很欠缺的。所以，这是一个很难得的有关禅修量化的先例，将来必然会作为一个里程碑而得以纪念。

饱餐明月却无渣

昨天晚上，寺里把生活会搬到大殿前来开，变成一个小小的晚会。很可贵的是，四祖村的村民也来参与，这是多年来的第一次。出家人所表演的内容很实在，都是平时的功夫，因为唱念本就是我们的日常功课。自己也被请出来，念了一首偈子"云门糊饼赵州茶，信手拈来奉作家，细嚼清风还有味，饱餐明月却无渣。"

这是一个用功含义很深的偈子，云门糊饼赵州茶是两则公案，大家都听过，这里就不再解释。为什么说是一个用功含义很深的偈子呢？因为千七百则公案就是我们在禅堂，乃至在生活中所需要参叩的，随手抓两则（信手拈来）那就是云门的糊饼公案与赵州的吃茶去公案两则，让大家（奉作家）好好地参叩。

如何参呢？那就是要细嚼清风，慢慢地去体会其中之味。当你明白了佛祖的用心，证到了佛祖的境界的时候，也就是饱餐明月之后，忽然发现明月哪里会有渣嘛！所以说这是一个用功含义很深的偈子。如果能够参透，那真的是与佛佛祖祖同一鼻孔出气，亲见云门与赵州了。

在禅堂用功的人常常会有这样的体会，感觉功夫没有味道，提不起来。拼命打起精神用功，粗提，提不起来；再提，没有味道，很烦！这个时候分水岭就出来了，有的人打退堂鼓放弃了，听之任之不再用功向困难投降了；有的人硬着头皮死耗着；有的人就开始用心。

这个时候如果有一位善知识点拨一下，大家就会明白，就在这丝毫没有味道的地方用功。告诉他们仔细再嚼嚼功夫，再细一点用功，再忍耐一些心的难耐。只要坚持不懈，慢慢就会有点味道了；再提，再加力用功，新的境界出来了。最后会发现，新的境界比原来的境界更清明、更透彻，这在自己是有亲身体会的。

这就是要对没有味道像清风一样的功夫，坚持不懈地参。不要怕空费力气，不要怕没有结果，只管努力去耕耘，功夫就会在这个着不上力的地方显现出来。这就是平常所说的"不得力处正好着力"。关键的是不要放弃，要知道这就是你的功夫瓶颈之所在，突破之后就会有很大进步。

生活中也是如此，学生会有学习很无聊、学不到东西的感觉。这个时候不能放弃，就要在这个无聊的时间里面，不要浪费掉这些无聊的时间，利用这些无聊的时间去找学习中的困惑，去深入地学。把这个无聊当作清风，拿来好好咂吧咂吧。这在学英语的人应该最有体会，在记英语单词到三四千或者八九千的时候会有一个坎很难过去，怕困难的人放弃了，坚持不懈的人就突破了。

工作中也是如此，待人接物的时候一开始有点意思，时间长了就很无聊，总感觉这个重复的劳动无聊。这个时候不要放弃，好好地用用心，把工作再做得深入一些，拿出观世音菩萨的精神"应以何身得度，即现何身度之"，或者反向思维一下，你就会发现，在工作中还有很多乐趣等着我们去享受。

功夫入门有方便

很多人不知道如何做功夫，总觉得功夫入门太困难了，甚至放弃参禅这一法门。其实，这是因为没有发现自己长处的原因，被外界所说的参禅方法固化所至。自己这几年来的经验，就是不要一上来就按照某种固化的方式用功，而是按照自己的长处，使心境安定下来以后，再慢慢地附和流行的参禅方式去用功。

所以，特别感谢师父没有固化自己的用功方式。这让自己想起很多祖师说的：感谢恩师不为自己说破。比如香严禅师（参看附录1）；洞山良价禅师（参看附录2）等等。功夫入门也是一样，要靠自己的实践，要靠自己去拼搏，这样才能契入自己的功夫之门，使得自己的功夫上路。

所以在禅七中，自己回答别人有关问题的时候总是说，你只要做到不缺香、不翻腿子、不打瞌睡，不管用什么方法都可以。而且这个方法就是你功夫入门的钥匙，是你最佳安定自己心境的法宝。等你将来心境安定了，再使用任何法门都很容易上路。

因为，要想在这样密集的禅修中做到不缺香、不翻腿子、不打瞌睡，只有专注一法了——你用什么办法使得自己能够专注起来，那就有百千法门了。因为这个时候，对于初学的人来说，功夫完全没有，就像一张白纸，如果非要固定某一种方式来实现不缺香、不翻腿子、不打瞌睡是不可能的。只要自己能够在这样的前提下，冲出一条自己的道路（想出一个自己的办法），那就是你最佳的办法，那就是你的自性显露，就是你的佛性显现。

你完全可以运用这个方法来应急，等到你的心境安定下来后，再慢慢使用大众流行的用功方法。因为大众流行

智
慧
的
醒 苏

的用功方法被很多人使用，你加入这个使用者的洪流中，必然会事半功倍。每一种用功方法的加持力强弱或者说好坏，是由这种方法提出者的愿力与使用的人数多少成正比的。这样不好理解的话，从结果来看就好理解了。也就是说，很多人运用这个方法成功了，这必然是一种适合绝大部分人的办法。

比如自己当年就试过在座上默写《心经》，当时腿子疼得死去活来，要一笔一画地写，真的很困难。自己当时的比喻是，写一笔就像搬一块大石头一样困难。不过正是这样，心境安定下来了，时间就很快过去了。运用这个方法，自己做到了不缺香、不翻腿子、不打瞌睡。当然，自己当年一支香一支香坐下来，常常是累得连棉袄都被汗湿透了。

后来，过了大约半年时间，自己的心境开始安定下来。这个时候，数息也好数，参话头也容易起疑情了。再后来，就固定使用"念佛是谁"的用功方法，直到如今。不管是腿子疼痛的妄想，还是其他坚固的妄想，因为心境已经安定下来，这些妄想都很容易对付了。

◎附录1

邓州香严智闲禅师，在百丈时性识聪敏，参禅不得。洎丈迁化，遂参沩山。山问："我闻汝在百丈先师处，问一答十，问十答百。此是汝聪明灵利，意解识想，生死根本。父母未生时，试道一句看。"师被一问，直得茫然。归寮将平日看过底文字从头要寻一句酬对，竟不能得，乃自叹曰："画饼不可充饥。"屡乞沩山说破，山曰："我若说似汝，汝已后骂我去。我说底是我底，终不干汝事。"师遂将平昔所看文字烧却。曰："此生不学佛法也，且作个长行粥饭僧，免役心神。"乃泣辞沩山，直过南阳睹忠国师遗迹，遂憩止焉。

一日，芟除草木，偶抛瓦砾，击竹作声，忽然省悟。遽归沐浴焚香，遥礼沩山。赞曰："和尚大慈，恩逾父母。当时若为我说破，何有今日之事？"乃有颂曰："一击忘所知，更不假修持。动容扬古路，不堕悄然机。处处无踪迹，声色外威仪。诸方达道者，咸言上上机。"

◎附录2

洞山良价祖师因云岩讳日营斋，僧问："和尚于云岩处得何指示？"师曰："虽在彼中，不蒙指示。"曰："既不蒙指示，又用设斋作甚么？"师曰："争敢违背他！"曰："和尚初见南泉，为甚么却与云岩设斋？"师曰："我不重先师道德佛法，只重他不为我说破。"曰："和尚为先师设斋，还肯先师也无？"师曰："半肯半不肯。"曰："为甚么不全肯？"师曰："若全肯，即孤负先师也。"

学佛进阶可游戏

在电子游戏充斥整个目前社会的时代，学佛的电子游戏却从来没有见到过，这可以算是我们佛教普及宣传的一个盲点。因为很大一部分青年尤其是儿童，他们喜欢游戏，我们要想向他们推广佛教、宣传佛教，为什么不能投其所好呢？通过电子游戏的方式来向他们宣传佛教，不是与时俱进的表现吗？

我们现在没有这样做，实际上是违背了佛陀教导我们的宣传手段——"先以欲钩牵，后令入佛智"的宣传手段了吧。何况少年儿童作为我们未来的希望，我们把佛教的戒、定、慧介绍给他们，希望他们能够减少一点贪、嗔、痴，能够多净化一点身、口、意三业。

这样不仅是眼前能够为他们带来利益，还能为他们的将来带来利益，是他们根本利益的落实。更何况这样做还能为整个社会带来眼前、将来与根本利益。推广佛教，宣传佛教从青少年开始是一件非常有意义的事情。这样就能突破佛教在信仰人群里面的年龄偏高问题。

向儿童青少年推广佛教，虽然游戏上没有见到过，但是社会上也有过向儿童青少年推广和介绍佛教的活动。比如在寒暑假组织的一些名为"儿童少年戏剧营"、"儿童青少年活动营"、"儿童少年学佛团"等活动。这些活动中，绝大部分是以佛教的善法宣传为重点，结合其他一些善法为辅助的活动。

既然会有这样的"营"出现，我想必然会有他们的活动程序，那么依照这些程序并加以扩展的话，应该就会成为一个学佛游戏。所以，要想设计佛教的游戏不难，只是目前还没有人进入这一行开始工作而已。我想将来有关佛教的游戏会有很多很多的。

因为佛教的内容太多，随便找个经典或者是公案，或者是祖师的生活情节都可以设计成游戏项目。最最差劲的话，也可以设计出一些问答游戏，而这些问答完全可以融入人们的工作、生活、学习中去。由此而设计出来的游戏不但与我们的工作、生活和学习能够密切结合，而且可以让我们学习到很多的佛教或者叫古文化知识。

　　比如我们设计一个有关旅游的游戏，我们大可以把佛教的四大名山拿来做题目。到了某一座山，可以要求回答问题通关、可以设计一些复杂的内容作为给养、可以设计一些人物来出难题、可以设计一些关卡做陷阱、可以……通过这样的一些游戏，使得我们能够增长佛教知识，从而学习更多的佛法。

　　再比如，我们可以设计一个有关佛教历史上比较有名望的人物游戏。模仿他的人生经历，比如出生、学佛、成就等等过程。这一定会是一个非常美妙的人生、一定会有很多奇妙的故事、一定会有很多智慧的事情、一定会……我们通过玩游戏，慢慢也能了解他的经历、慢慢也能学会一些他的行为、慢慢也能学会一些他的道德、慢慢也能学会他的……这一定是一个非常大型的游戏。

　　再比如，我们可以设计一个有名望的寺院作为游戏的场所。模仿这个寺院的管理、日常生活、修行环境等等。大家可以扮演角色玩游戏，你可以扮演你喜欢的角色，当然你之所以可以扮演这个角色，是要经过一定的资格评定的。你要经过种种的考试才能担任某个角色。

　　我想会有很多喜欢玩游戏的人，为了得到某个角色而去努力学习佛教的内容。这样大家就会有兴趣去努力提高自己的佛教知识。而且可以根据你的佛教知识水平，授予你什么样的阶位。这样就能吸引很多的少年儿童来通过玩游戏的方式学佛，是学佛的一个非常好的方式。

这就与我前段时间提出的网络禅堂一样，我们大可以通过网络科技这一大"菩萨"来弘扬我们的佛法、来修行我们的人生、来改变我们的处境、来了脱我们的生死、来学习前辈的道德、来……使得更多的人通过网络科技这一手段，走上学佛之路，走上熄灭贪、嗔、痴三毒之路，走上净化身、口、意三业之路，走上智慧人生之路，走上……

认真做事不评论

经常会有人问我对某人或某件事情有什么看法，并要给出个评论，这真是让自己哭笑不得。自己一天忙得晕头转向，有的时候是根本不知道某人或者某件事件，甚至是根本没有听说过。让自己来评论这样的事真是勉为其难，只能告知对方自己孤陋寡闻，实在没有时间去管别人的事情。

这几年自己深深体会到"一行三昧"以及"行无为法"好处，所以没有精力顾及其他的事情，更不涉及是非与烦恼。更何况自己定下的功课常常都不能按时完成，所以，实在没有精力去顾及那些是是非非。何况自己从佛法里学到的是如何去赞叹，还没有学过如何去评论是非。

而且不但是自己这样做，还一再地把这些好的方式介绍给大家，希望大家同自己一样少一些是非，少一些烦恼。但我们因为涉及是非与烦恼是从无始以来形成的习惯，要想一下子纠正过来谈何容易。所以，自己就在这里把这些方式来来回回地说，希望与大家共勉。

因为，我们无始以来被无明驱动，做了很多没有意义甚至是错误的事情。我们的身体常常是在胡作非为、嘴巴常常是在胡说八道、思想常常是在胡思乱想，在这样的情况下我们哪里有评论事物的能力？我们对自己的了解都少得可怜，对事物的全面性能有多少了解？

想想我们这些可怜的智慧，我们就会全身毛竖，哪里还敢生起评论是非的心来？先赶紧照顾自己！让自己守好五戒（不杀、不盗、不邪淫、不妄语、不饮酒），修好十善（不杀、不盗、不邪淫、不妄语、不两舌、不恶口、不绮语、不贪、不嗔、不痴），希望来生不要堕落。

所以，我们要把握每一个当下，认真做每一件事情，按照"一行三昧"以及"行无为法"的方式去做。减少自己的胡思乱想、胡作非为和胡说八道，尽量避开去评论是非的机会，远离是非场所。这是五祖弘忍禅师用自己的身体力行来教导我们的，这样，我们才能在修行的路上走得顺畅一些。

当然，正常的评论是需要的，但应适量与适时，而且应该是对事物的情况非常了解的时候，才可加以评论，其目的也是要以赞叹事物、赞叹如来，促进事物向善的方向进展为主题。牢记，每一个"看不惯"或者"有问题"都是自己地狱境界现前的兆头。只有每一个事物都是很好的，那么我们才是生活在极乐世界之中。

对自己则需要"吾日三省其身"。所谓以铜为镜可以整衣冠，以人为镜可以知得失，这样才能鞭策自己，让自己更快地成长。所以应该知道如果被他人批评是一件好事情，应该感恩他。因为是他促进了你的进步，帮助你找到自己的不足。即使是对自己无中生有的评头论足，也应有则改之、无则加勉，以"是非以不辩为解脱"的处世态度来处理。

法执难破因我执

张拙秀才的开悟偈子很有意思，之所以被很多人讲来讲去是有原因的。也许是受别人的影响，自己也开始把玩这个偈子。所以，现在再次把他的开悟偈子"光明寂照遍河沙，凡圣含灵共我家。一念不生全体现，六根才动被云遮。断除烦恼重增病，趋向真如亦是邪。随顺世缘无挂碍，涅槃生死等空花"拿出来说事。

这是他的境界，自己本不敢随便讲解，这里只是把它拿出来说说事而已。"光明寂照遍河沙，凡圣含灵共我家。"简单地来讲是他的境界，从字面来看是一个很舒服的境界，大家和合共住在一个大光明藏里面，让自己想起《佛说阿弥陀经》所描述的环境。也是我们这个世界的写照，正如僧肇大师说的："天地与我同根，万物与我一体"。也是文殊菩萨说的："龙蛇混杂，凡圣同居。"

"一念不生全体现，六根才动被云遮。"一念不生是我们做功夫的目标，如何才能一念不生？那就是要都摄六根，或者说做六根的主人。这样我们才能不被六根所欺骗。这也是我们常常说六根为六贼的原因。只有做了六根的主人，我们才能看见事物的真相。

"断除烦恼重增病，趋向真如亦是邪。"这是教导我们的话了，所谓石头压不住草，烦恼是不能靠压制的。就像河流不能靠堵塞来解决问题，而是要疏导，就算有再强大的力量也是堵截不住的。所以我们常常说，转烦恼为菩提，或者说有智慧就没有烦恼等等。这都很明白地教导我们不要造作，要除断我、法二执。

"随顺世缘无挂碍，涅槃生死等空花。"这就是破法执的句子了，随顺世缘就是不再执着于自己认为正确的方式，或者说是事物发展的规律，以及因果发展的规律来做事情。这个时候一切是平等无二的了，不再分别一切的二元对立，本身就是涅槃的境界。所以，涅槃与生死没有分别，执着有什么意义？

《普贤菩萨行愿品》里面也说，普贤菩萨有十大愿王，其中第九个就是"恒顺众生"，这就是随顺世缘。虽然我们初发心的人没有破我执，但是，只要发起菩提心，按照普贤菩萨十大愿王去做，那么我们也能慢慢消除我执，进而破除法执，达到无分别智现前的境界。

为什么自己这几天总在说法执的事情呢？因为自己这几天在大寮发心，与几位非常能干的人共处。正是因为他们非常能干，所以就看不上别人的所为，结果与他们共处的人纷纷避开，很多人就不愿意进大寮，自己就不得不进大寮去调解，让典座师不好为人。

虽然这也是自己培福报的机会，而且自己也在里面干得津津有味，把过年的伙食搞得红红火火，让在寺里面过年的人吃得好。但是外寮也还有很多的事情可以做得更好。所以，真希望他们早日破除法执，和合共住。因此，这几天在大寮里面干完后，就带着他们打坐，讲点有关的公案来破除他们的法执。

问题识得莫为冤

常常有很多人跟自己说："感觉自己退步了，没有好好用功。"而且说的时候很惭愧，很想忏悔，问有没有一个什么办法能使得自己不这样懈怠，希望自己能够永远勇猛精进。这是一个很好的现象，说明大家知道自己的毛病，只是一时的无明烦恼粗重，难以克服而已。

其实，知道自己有毛病，那么这个毛病就算是有救了。因为我们往往是自己有什么毛病还不知道，这样就更不知道要如何去做功夫。这在我们常常说的话"不怕念起，就怕觉迟"中可以看出来。所谓的念起就是有毛病了，所谓的觉迟则是有毛病还没有知觉，即知觉比较迟钝。

所以，我们只要能够及时发现自己的毛病，我们就有救，我们就不冤，这就是所谓的识得莫为冤。因为我们知道自己的毛病之后就可以改正它，世界上没有知道自己有错误而不去改正的人，或者说是没有明知故犯的人。所以，我自己常常说知道了毛病，那么这个毛病就被解决掉三分之二了。

这在我们日常生活中也是能够体会到的。我自己以前在做项目或者是在设计、调试软硬件的时候就有很深刻的认同。比如我们发现自己的程序有问题的时候，第一个做法就是去找程序中出现错误的地方，为此我们在程序中安设了许多 BUG 来进行所谓的调试。

如果程序运行出错了，而又找不到出错的地方，自己很清楚一定是自己出错了，有问题了。没有找到错误，就要加班加点去找，去调试。如果找到了出错的地方，那么今天如果实在太累还可以先休息，因为问题算是解决了三分之二了。剩下的事情只是改正错误的问题，只是工作量的问题了。

修行佛法也是一样，我们怕的是问题找不到，甚至成为祖师们骂的"自屎不觉臭"，要是这样，那么问题就大了。反过来，如果能够知道我们有问题，那么我们就算是解决了三分之二的问题，就有救了。下面只剩下自己去做功夫的事情了。做功夫有很多方式，自己找个适合自己的方式去做就是了。

比如发现自己懈怠的人，可以在自己生活环境里面供养佛像，这样一看到佛像就会想起生死，就会想起不能懈怠。那么我们就会去用功修行，就会去努力修行，就会去放弃懈怠，就会去精进修行，就会去勇猛修行，就会去……总之我们看到佛像就会想起我们是佛弟子，要了生脱死的话就不能懈怠。

这就与没有学佛的人常常在自己的案头放座右铭一样，利用座右铭这个工具提醒自己要努力、要刻苦，对于懈怠心很强烈的人，我们佛弟子还可以应用戒律来约束自己。因为我们知道如果不去努力，那么我们就犯戒了（尤其是菩萨戒，很多是讲我们不去干什么事情是犯戒的）。

犯戒就要下地狱，这是多么可怕的事情，所以我们要守持戒律，就要努力、就不能懈怠。这与世间没学佛的人运用奖励的效果一样。如果我们精进努力了，我们就可以得到某个奖品，那么很多人会为此而不懈怠。只是我们佛弟子运用戒律的约束会更加强烈一些。

这些观念在古代的祖师公案里面也是常常能够见到的。比如"识得莫为冤"公案。这个公案是说梁山缘观禅师座下，有个园头。他是个开悟的人。有人要他露个消息，找梁山缘观禅师印证一下。园头说，我不去问则已，要是去问非把梁山缘观禅师从座上问下来不可。

有一天园头就找到梁山缘观禅师，他们进行如下惊人的对话：

> （园头）僧问："家贼难防时如何？"
>
> 师曰："识得不为冤。"
>
> 曰："识得后如何？"
>
> 师曰："贬向无生国里。"
>
> 曰："莫是他安身立命处也无？"
>
> 师曰："死水不藏龙。"
>
> 曰："如何是活水龙？"
>
> 师曰："兴波不作浪。"
>
> 曰："忽然倾湫倒岳时如何？"
>
> 师下座把住曰："莫教湿却老僧袈裟角。"

这则公案写下了这两位已经彻底觉悟的人的境界。所谓的家贼就是指我们与外界接触的眼、耳、鼻、舌、身、意六根。因为我们常常被这六根所骗或者说是管不住自己的六根，所以形容这六根就像六个贼一样，在盗取我们法财，在毁掉我们的功德林。

园头问六个贼管不住怎么办，梁山缘观禅师就说："识得莫为冤。"这就是我们一直在说的道理。公案后面的解释大家有兴趣可以自己去理解。其实也就是像前面提到的运用佛像等方式，只是这里运用的是无生法忍的方式而已。初步的理解也可以用心不附物来理解。

尤其是后来的"倾湫倒岳"这么大的境界来的时候也是要求你心不附物，要求你像对待一般的波浪一样去做，这样才不会"湿了袈裟角"。

智慧的醒苏

252

莫叫湿却袈裟角

前几天写了一篇日记"问题识得莫为冤",举了梁山缘观禅师与园头的对话。很多人对园头说的"如何是活水龙?"梁山说:"兴波不作浪。"园头接着说:"忽然倾湫倒岳时如何?"梁山从法座上走下来,一把抓住园头,说:"阇黎!莫教湿着老僧袈裟角。"这段对话不理解。

这段对话实际上是说了什么叫"活水龙"。实际上就是说了什么是大乘菩萨道。大乘菩萨要能"兴波不作浪",简单说来就是做任何事情要心不附物。佛陀在《大般若经》里面反复强调"没有方便不名菩萨",也就是菩萨要运用一切的方便手段来救度众生。那么这与我们日常生活中的所作所为有什么不同呢?

我们的日常行事,实际上也是按照自己的方便来进行的,菩萨的方便与我们的方便有什么不同?我们知道我们方便行事之后,事情成功了我们就高兴欢喜,事情失败了我们就沮丧不开心。这是因为我们有所求,或者说是因为我们做事情有"目的",这是我们的通病。

菩萨的方便行事尽管也是有"目的"的,也希望每一件事情都做得完美无缺。但是菩萨不会在做事情的过程和结果上去分别。这就是所谓的"兴波不作浪","兴波"

了，但自己不会因为这"波"而起"浪"。而且不管这"波浪"多么大，乃至大到"倾湫倒岳"也是一样，不会湿却老僧袈裟角。

所以，菩萨不会因为度众生辛苦而叫苦、菩萨不会因众生众多而不度、菩萨不会因众生难度而不度、菩萨不会因众生顽固而退却不度、菩萨不会因为众生恶劣而观望不度、菩萨不会因为众生……这都是因为菩萨在度众生的过程中明白了一切不过是度"空"，并且认真、努力、精进地去度尽一切众生。

自己曾经跟人解释这段话的时候用了一个比喻。比如我们现在行菩萨道的六度（布施、持戒、忍辱、精进、禅定、智慧）里面的第一度——布施。比如，我现在需要一张纸，现在向你要，你如果身边有纸，你又是佛弟子想行菩萨道，那么你会毫不犹豫地顺手拿出一张纸给我。

接着，我现在需要一块钱，现在向你要，你如果身边有一块钱，你又是佛弟子想行菩萨道，那么你也会毫不犹豫地顺手拿出一块钱给我。接着，我需要一百块钱，现在又向你要，你如果身边有很多钱，你又是佛弟子想行菩萨道，那么你可能会毫不犹豫地顺手拿出一百块钱给我。但是要注意，这个时候变成可能了。

接着，我需要五千块钱，现在向你要，你如果身边有很多钱，你又是佛弟子想行菩萨道，那么你可能就会想得比较多，比如他怎么这么贪得无厌啊，要这么多钱干什么？我给他值得吗？给他钱好还是坏？为种大福田可能会犹豫地拿出五千块钱给我。这个时候袈裟角算是湿了啊！

接着，我需要五千万块钱，现在向你要，你如果根本没有这么多钱，但是你是佛弟子想行菩萨道，那么你可能就会想得更多。比如，他搞什么啊？要这么多钱干什么？别说我没有给不了你，就是有这么多钱的人也不大可能给你吧……这个时候袈裟算是湿透了！

这个过程可以说是从"兴波不作浪"到"倾湫倒岳"的过程，这实际上符合绝大部分人遇到事情的心态。我们就是这样在小的事情上也许能够做到"兴波不作浪"，或者是与我无关的事情上能够做到"兴波不作浪"。但是到了"倾湫倒岳"的时候或者说是到了事到自己头上的时候就纷纷把袈裟给弄湿了。

很有意思的事，前年有个居士误解了我所说的这个公案。他开始学着炒股票，每天股票涨涨跌跌，他的心就跟着涨涨跌跌烦恼不断。后来就问我要如何处理居士炒股票的问题。自己当然是把道理说了一通，最后要他心不附物，不要被外界的事物左右了自己的心。

如果能够心不附物，能够行菩萨道方便度众生自然干什么都无所谓。如果不能做到心不附物，没有运用这个方便的本事，那么还是不要涉及股票的好。同时就把这个公案当作例子给他讲了一遍。告诉他如何"兴波不作浪"，如何不要湿却老僧袈裟角。而且关键点在不要湿却老僧袈裟角上。

可能他把不要湿却老僧袈裟角理解成不要打扰我自己的意思，以后再也不敢来问我问题了。自己当然认为他是没有问题要问我了，所以，也没有与他继续联系。也不知道他现在如何，希望他是正确理解心不附物的"不要湿却老僧袈裟角"，是真的没有问题了。

不识好歹讲规矩

　　最近常常跟人说自己不识好歹，因为在自己的感受中实在是找不到什么好，什么坏。要是非要自己说说好坏的话，自己就会说无非是大家在一起需要有规矩。这个规矩在小范围内叫规矩，在寺院大点范围叫共住规约，在佛教叫清规戒律，在社会叫法律。

　　因为世界上的一切事物是平等的，没有好也没有坏。所以，自己常常说即使是精神病患者也只是他们的价值观与我们不同，在他们的眼里，我们才是精神病患者。只是大家在一起生活或者说存在，要遵守纪律。所谓的纪律就是我们共住在一起，我们要按照某种规定来自律自己的行为，否则会影响别人的生活或者说存在。

　　我们常常说"缘起性空"，我们不可能离开别的事物独立存在。那么我们要想生活或存在下去的话，就需要有一定的规则，否则就乱套了。所以，能够好好遵守这个规则的人就叫作好人，不能遵守这个规则的人就叫坏人。而这个人实际上是没有好也没有坏的。

　　因为一切是空，一切是平等的。我们就像找不到一件事只有好没有坏一样，我们找不到一个只有好没有坏的人。同样我们找不到一件事情只有坏没有好一样，我们也找不到一个只有坏没有好的人。好与坏的性质都是空性，好中有坏、坏中有好。所以别想着这世界上一切好事都给自己，一切坏事都给别人。

道家有"祸兮福所倚，福兮祸所伏"之说。也就是说，一切的事情不要绝对，再好的事情也会是坏事情的开端；再坏的事情也可能是好事情的初始。我们如果能够明白世间一切事物的事实如此，并牢记下来，就不会有烦恼，就得到了大智慧。

比如今天下了一场大雨，如果是很久没有下雨了，我们会感觉非常高兴，是件再好不过的事情。如果是一直在下雨，我们就会感觉很糟糕，怎么老下个没完。如果是一个出租汽车司机，他遇到下雨会很高兴，因为生意会很好。同样是出租汽车司机，如果下雨的时候他的车坏了，他就会怨气冲天。

还有其他的人对下雨也同样会有千差万别的感受。我们想想那些动物对下雨会有什么样的感受呢？再想想小动物会有什么样的感受呢？再想想房子对下雨会有什么样的"感受"呢？再想想雨衣对下雨会有什么样的"感受"呢？再想想河水对下雨会有什么样的"感受"呢？再想想……

所有有情（有生命）和无情（没有生命）对于这一场雨会有千差万别的"感受"，这就是空性。总体来说，这场雨是平等的，没有好也没有坏。是我们的不平等的心，强行把这场雨划分为好与坏。这是很局限也是很愚蠢的观点，这是看不到事物全面的表现，是我们烦恼的根源。

下雨作为大自然一种行为，成为事物会是这样。同样人类，或者说是有情的行为也会有跟大自然下雨一样的结果。当然无情或者说是状态的行为也会有跟大自然下雨一样的结果。当我们能够看见事物的全面的时候，我们就知道这个分别实际上毫无意义，而且是我们烦恼的根源。

明白这个道理，我们就不会再烦恼了，这就是佛教中教导我们不要在意结果。但是，这还不是完整的佛教，完整的佛教还要求我们在因地上努力。在因地上认真、努力并且精进地去做，而又对结果不识好歹，只讲规矩的话，那么我们的世界就是完美的了。

所以，自己在日常生活中就是这样去做。这看起来很傻，其实傻人有傻福，这个傻有它的道理。从自己感受来说，这不但不傻，还很有智慧，因为这样一来，自己再不会起烦恼了。对于任何一件出现在自己面前的事情，我会毫不犹豫地认真、努力并且精进地去做，而对于结果却不会在意。

因此，自己从不对任何事情评论，更不去下结论。只是单纯地去做需要做的事情。因为任何事情没有好也没有坏，我们认真、努力并且精进地去做好了，我们的任务就完成了，至于结果会是什么样子，管他呢。

我们做事情的时候只是需要看看有没有违反法律、有没有违反清规戒律、有没有违反良心道德。如果有人犯了这些规矩，那么如果自己是执法者，就严格执法。如果自己不是执法者，自己则不予理睬。这就是佛教的无为法精神，也是佛陀教导我们行无漏善的出世法。

好事也应如法做

在北京带人打坐的时候，因为时间的不确定，很多人是不去上班或者是请假，甚至是翘班，放下工作来跟自己一起打坐的。当自己知道之后，一方面是想办法多在公休日跟大家一起打坐；另一方面总是催促还有工作没有做完的人先回去上班，把工作做好。

自己还做了一个比喻叫"如果你还欠人家十块钱的话，你在这里无论如何是坐不住的"。因为你的心不安，在这里坐着还会想着工作的事情。这样打坐没有效果，还不如先去把工作做完，有时间的时候再来打坐，这样自己的功夫才能事半功倍地增长。

这从戒律上面也是可以理解的。因为我们禅修打坐的时候要先守戒。如果你的戒律守得不好，那么你禅修打坐是难以成功的。因为你的戒律没有守好的话，会有很多的干扰。这些干扰会让你在座上打妄想或者昏睡。妄想和昏睡就是打坐的两个大敌，如此打坐是达不到预期效果的。

从资粮方面来说也是可以理解的。因为禅修是佛教的一种比较高层次的修行手段。使用这种手段修行的时候，需要更高的基础要求，这些基础要求就包括守戒等资粮道的修行基础。如果你生活上还有事情没有做完，资粮道没有修好，你就根本无法放下身心来安静地打坐禅修，更不要说将来的结果了。

佛教的宣传就是"先以欲勾牵，后令入佛智"。先让没有吃过饭的人来吃饱饭，进行物质布施；然后再给他们讲法，讲八正道等进行法布施。其实，其他的一切宣传手段都是这样。这在《华严经》里面讲得最多，可以说整个十回向品里面就一直在讲要怎么做。

这在现实生活中也是很好理解的。因为佛教或者其他的信仰是上层建筑，必须要有一定的经济作为基础。如果连肚子和睡觉的基本问题都不能解决的话，其他的一切就免谈了。所以，在《华严经》里面都是说如何布施物质之后，再如何布施佛法。

所以，自己在北京带大家打坐的时候，往往要轰一些人去上班。为此自己当然要辛苦一些，坚持晚上晚点休息，在晚上往往也与大家一起坐上一两支香。有一天自己跟大家打坐之余，有人就问到因果的问题，自己自然是方便回答了。而且就拿这不去上班、跑来打坐作为比喻例子。

不去上班来打坐当然是坐不好的，因为你还欠着"十块钱"，还有债务没有还干净。即使你是主管，没有人管，可以自己为自己请假，但是你因为还拿着没有上班而得到的利益，这个因果也一样会在将来阻碍你的禅修。这个因果规律是不会爽约的。

有一个人就说自己这次回去上班的时候，要主动要求奖金降一个档次。因为这几天没有好好去上班，尽管自己就是主管，但是自己也应该对自己有所要求。这个想法很好，我也很鼓励他这么做，因为因果是我们一切行为的根本指导，离开了因果一切也就失去了方向。

但是自己告诉他还有一个更好的办法，那就是回去进行法布施。因为错误犯了，要是能转成好事不是更好吗？即使你周边的人可能不全是佛教徒，但是我们可以把佛教的精神用现代人能够接受的方式语言来讲、来布施。把我们这些天学的因果拿回去讲并且去落实的话，这样我们的错误就不会白犯。

比如我们把这几天的收获，学到的无为法——"只问耕耘，不问收获"的精神拿回去布施给他们的话，我们就不白犯错误了。毛泽东也提倡战略上要藐视敌人，而在战术上要重视敌人。战略上轻视敌人就是不要太在意结果，战术上重视敌人就是在过程中认真努力。这根本就是佛教的无为法思想嘛，与"只问耕耘，不问收获"的道理是一样的。

这种无为法的概念如果能够运用到工作中去，我们的工作心态会得到改善、工作效率就会提高、各种各样的矛盾就会减少或者化解、人际关系就会改善、管理工作就会减轻、大家的心就容易安定下来、大家的劲头会容易集中到一起去……这些道理只要稍微用点心就会明白。

如果我们能够做到这样，那么我们就无愧于我们所得到的这些奖金。这就把我们的禅修变成了一种工作上或者是管理上的学习，当然也可以说是进修。那么这个时候，我们拿着报酬就不会于心有愧了。这就是实实在在把我们修行的成果回向给了大家，运用到了工作之中。

当然，不去上班跑来打坐禅修，我自己是不鼓励的。即使你是主管并且能够做到回向到工作中去，但是这其中的因果也是很明确的。你给工作带来好处有善因，将来得善果；你没有向上级请假出走有恶因，将来得恶果，这些果报受的时候要明明白白才好。

乾坤肚皮大包容

我们应该都有这么个经验，就是当心情愉快时，做再苦再累的事情也不怕。但是，如果我们在做事情的时候受委屈，或者被是非缠上，开始不平衡或者说受不了而生烦恼，这就是我们的包容心不够，或者说没有智慧、心量不够大，缺少像弥勒菩萨一样能容纳一切的大肚皮。

如果我们有这样一个大肚皮是何等的自在啊！所以大家一定都和我一样，希望能够得到这样一个大肚皮。那么如何才能得到这样的大肚量呢？祖师们是如何得到的呢？弥勒菩萨的大肚皮是如何得到的呢？我们可以借鉴一下祖师的语录，看看他们是如何来解决问题的。

百丈祖师的《丛林二十法则》里面有一条："是非以不辩为解脱。"这就是教我们得到这个大肚皮的入门功夫。

智慧的苏醒

因为，这些大肚皮的重要作用之一，就是用来装这些"是非"的。可以这样说，"是非"也是这个大肚皮最难装得下的东西，因为我们凡夫的肚皮往往没有这么大，容纳不下临到自己头上的"是非"。

所以，我们只要按照"是非以不辩为解脱"的精神，遇到"是非"的时候不辩解，有则改之，无则加勉。哪怕是强压住心中的怒火，把这些"是非"塞进自己的肚皮里面去，慢慢地去锻炼自己的肚皮，你就会发现肚皮的伸缩能力超过你的想象，比你预计的要能干得多。

其实应该知道，这都是我们的"我执"在作怪。有"我执"的作用就觉得这个事情合理，那个事情不合理。其实，所谓合理不合理都是自心在闹腾。四祖大师在他的《入道安心要方便法门》里面就说："境缘无好丑，好丑起于心。心若不强名，妄情何处起？"

所以，当你静下心来，回头看看这些"不合理"、"是非"、"误解"等等有什么放不下的？还不是自己在闹腾？最后受罪的还不是自己？所以，祖师语录里面常常说"压良为贱"、"委屈"等等来形容已经解脱了的人，被我们认为他们是在受委屈，真的是在作践他们。

到了这样的境界，你会发现，这样的"不合理"、"是非"、"误解"被自己"一口吞掉"后能省好多的事，省时又省力。这些小"是非"有什么好在意的？笑都浪费时间了，压根就不再把这些"是非"、"误解"放在心上了。到了这个时候，你就会发现，哪有什么委屈？压根是闹"是非"的人自己忙活而已，跟自己有什么关系？！

你的肚皮开始大了，小"是非"、"误解"能"一口吞掉"了；生活中难忍的事情完全是空的，毕竟是空的，随它去好了；再难容忍的事情能比生死更难对付吗?! 好了，这个时候，你的大肚皮和祖师们一样了，你的见地与弥勒菩萨看齐了。在别人眼里，你已经是开口常笑，笑天下可笑之人；大肚能容，容世间难容之事了。

人生如戏努力演

昨天跟一位居士聊天，他问佛教到底是怎么样的。自己忽然脱口而说："佛教就是告诉我们人生如戏，但每一个人要努力扮演好自己的角色，直到拿到奥斯卡奖。"这也是自己学佛的结果或者叫所得吧（因为这实在是无所得）。为什么会这样说呢？因为自己这么多年来的学习或者要证实的结果就是如此。

《华严经》说："菩萨善修空、无相、无愿，而以慈悲心，处在众生。随诸佛平等法，而不舍供养诸佛。常乐思惟空智门，而广修集福德资粮。远离三界，而能庄严三界。毕竟寂灭诸烦恼焰，而能为众生，起灭贪恚痴烦恼焰法。随顺诸法，如幻如梦，如影如响，如化如水中月……"

《文殊师利所说不思议佛境界经》中说："是诸菩萨，虽恒观察一切诸法，无有所作，无能作者，体相平等，是

智慧的苏醒

中无有少法可得若生若灭，而常精进修习不舍，是则名为修正勤耳。又诸菩萨以不放逸故，修四神足疾得圆满。云何修习谓诸菩萨虽永断欲贪，而恒不舍诸善法欲，若身若心常修善行。虽观诸法空无所得，而为化众生勤行精进；虽了知心识如幻如化，而恒不舍具诸佛法成正觉心；虽知诸法无依无作不可取着，而恒随所闻如理思惟……"

……

在古代的祖师公案中也有类似的记载，陆亘大夫问南泉："肇法师也甚奇怪，解道：'天地与我同根，万物与我一体。'南泉乃指庭前花召大夫云：'时人见此一株花如梦相似。'"不管在什么时代，类似的用如梦如幻来比喻我们人生的例子实在多不胜举。

我们如果留心这些经典就会发现，很多经典都在说菩萨明知道场是空，却不舍启建水月道场；明知佛事如戏，却不舍大做空华佛事；明知众生如幻，却不舍广度众生；明知佛果如梦，却不舍成就佛果。这就是佛教中的"善能分别诸法相，于第一义而不动"，或者叫般若空慧与普贤行愿，或者叫真空妙有。

《宗镜录》中也说："应观空以遣累，莫着空以废善。应达有以兴慈，莫取有以起罪。"这就是第一谛的般若真空与俗谛中的妙有关系，如果只有真空的理解，不知道妙有的行愿，那么佛教不过是死水一潭。如果只知道有，而不知道真空，那么佛教只不过是世间凡愚表现。

所以，自己就说人生如戏，因为一切是空的、假的。如果我们只是把这人生当成一场戏，那么我们就会迷失人生，失去人生的意义。只有我们认真扮演自己的角色，而且努力地去扮演好自己的角色，那么我们的人生才会有真实意义。

同时，因为我们知道人生不过是一场戏，就不会执着于这场戏中的得失是非，明白一切是空，从而轻装上阵，演得无所顾忌，演得更加投入与真诚。通过自己的努力扮演，让更多的人因此感化，因此梦醒，做到假戏真做，让大家因此了断烦恼，离苦得乐。

水月空花酬众生

有位网友问了这么一个问题："您所说的'空'我能体会到一些，但是如果落入了空，知道了凡所有相皆是虚妄，如果说能证到这一点，那么人生的积极意义何在？是否说到究竟还是一个贪呢？所谓的贪，也就是不舍，不舍虚妄呢？如何让此生不空过呢？"自己也觉得有很多人存在这个问题，因为自己刚开始学的时候也存在这个问题，还为这个问题又问、又说、又记、又写的。

对于小乘佛教来说，证到"空"就完成了，可是不究竟。不要小看小乘的这些人，对于我们来说这也是很难做到的。我们通过学习、修行、体会，好像也能明白，这里要注意这个"好像"，因为这个好像就会反复，只有证到了，才不会有反复的问题。所以，我们还要去做、去证，难着呢。

如果我们对"空"性有认同感了，那么虽然我们目前还不能证到，但是我们可以开始发菩提心，开始行菩萨道。因为菩萨就是利用"空"性作为自己的动力，所谓"观空以遣累"来发菩提心的。而一旦发起了菩提心，进一步去证入"空"性，就会事半功倍。这在我们生活中用"教学相长"来形容，是很容易理解的，这点自己是有亲身体会的。

所以，自己也常常说："要建水月道场，做空花佛事，度幻化众生，成梦中佛果。"我们知道这一切都是空的，但是，我们就是要成就自己的那一片净土。我们既然来到这个世界上，不能白来，就是要追求美好的未来；我们就是要实现宏远理想。只有这样，迈向成佛的步子才会越来越大，越来越快。

所以，即使知道人生不过是一场戏，也要把这场戏唱得轰轰烈烈，把还在睡梦中的人唤醒。虽然建立的是水月道场，做的是空花佛事，但是还要做，而且要大做特做，做得人人醒悟，做得人人安详，人人自在。把幻化的众生唤醒，达到我们成佛做祖的目的。

《宗镜录》里面也说："应观空以遣累，莫着空而废善。应达有以兴慈，莫取有而起罪。"所以，放下了执着后的追求已经没有疲惫和痛苦，用无为的方式去实现理想，不会再有牵挂。当我们放下所有执着，面对现实时，当我们不再觉得有得失是非的时候，我们还有什么做不到呢？

这个时候，四宏誓愿所说"众生无边誓愿度，烦恼无尽誓愿断，法门无量誓愿学，佛道无上誓愿成"就不是一句空话了。所以，我们常常说世界上最贪的是什么人啊？就是这些个菩萨。正是因为他们的"贪"，他们才愿意来我们这个五浊恶世，度我们这些凡夫。

现实生活中，你看看这些老和尚们，一个比一个"贪"，一个比一个建的庙大，住的人多。你再看看真正为人民服务的官员菩萨，一个比一个"贪"，经济连续三十年持续飙升，他们还想要四十年、五十年地飙。你再看看身边埋头于事业的人们，他们一个比一个"贪"，不但要有神八、神九、神十，还要有神N……所以，只要你打开自己的慧眼，菩萨就在你的身边，他们正在为你指明佛法的圆月呢！

编 后 记

《智慧的苏醒——科学看佛教》终于付梓。这是"禅·生活"系列图书的第一本书，也是迄今为止国内第一本系统阐述"佛教科学观"的作品。

在编辑过程中，我们跟随作者的视角，体会佛教的真谛，接受智慧的启迪，相信读者亦会以现代科学的眼光来认识佛教。

作者常通法师，号明一。出家十余年来，作者解行并证，且深得多位长老点拨，对祖师禅法心髓与生活禅法妙用的结合独有心得，并以此广度众生。

多年来，作者兴建了多座禅堂，并倡导网络禅堂。除坐禅、讲法外，作者笔耕不辍，记录自己的修行心得与大家分享，已出版了三本专著。作者早年曾攻读电子技术专业，精通物理学，并获得全军科学进步奖。其对自然科学及其应用亦有较深的造诣。进入佛门后,作者在大量阅读的佛经中,发现佛经所描述的现象与现代物理学有许多吻合或相近之处,但因某些隔阂,难以为人理解。为此,作者便萌生了用科学的观点解释佛教经典的想法。

在历经多年潜心研究之后,作者呈现给我们这部阐述佛教科学观的六章论著。本书从"觉的能力"开始,深入浅出、循序渐进地展开"科学地看待佛教""佛教经典中的科学观""佛教命运中的科学观""科学地建立信心""科学地应用佛教"等论述,既用科学的观点阐述佛经,又通过亲身经验表法,鼓励大家通过修行,觉悟人生、奉献社会。

在出版过程中,作者既身体力行,对我们编辑释疑解答,有求必应;又充分放手,让我们通过自己的努力找到最合适的路径。在他身上,我们充分感受到佛教"只问耕耘,不问收获"的无为法精神及"随缘不变,不变随缘"的禅者风采。

感谢本书特约编辑张洪居士、明乐居士的辛苦付出;前期设计者明镜居士的独到眼光;封面设计者宋海东,从框架到细节数十次修改才最终定稿;刘瑞祥老师赐予丛书题字;李伟居士提供作者照片。

更要感谢众多在幕后辛勤付出却没有留下名字的人。

本书的出版发行,融会了净慧长老"大众认同、大众参与、大众成就、大众分享"的精神，亦是大众智慧与觉悟的结晶。

编辑中，诸方典籍虽经核对，难免有漏失之误，恳请方家赐教为幸。

中国商务出版社编辑部

2015 年 6 月